立禪法要

于鸿坤 著

華夏出版社
HUAXIA PUBLISHING HOUSE

序

于鸿坤先生嘱咐我给新出版的《立禅法要》写序，让我很是惶恐。作为从未练过武术的门外汉，实在没有能力点评这样的力作。但认识于先生近十年，受益很大，有些心得愿意和大家分享。

于先生求道之心之切，很少见。只要有任何学习的机会，他从来不摆架子。刚认识于先生时，他正在学习太极拳的心法，当时为了找感觉，他甚至让我拿他练发劲。直至今天，每每想起来我都感叹不已。后来学佛时有过几个共同的师父，他都是同样的态度去请教。于先生能够百尺竿头更进一步，正是源于这样的孜孜好学。

第二个强烈的印象是文武双全。于先生的武学造诣不用说了，其理论功底也非常深厚。两年前第一次读到《大成传习录》，就很震惊。外行看热闹，书里面关于武学讨论的境界让人向往就不用谈了，关于中国文化和佛法的讨论深度，远远超出了一般的书。而谈锡永先生点评的于先生大著《立禅即意》，也是一本有趣的奇书，以武入禅的意味也更浓了。

这本《立禅法要》更是让我爱不释手。首先，这本书回到了王芗斋老先生最初对于立禅的重要性的强调，无论对于武学、中国文化，还是佛法的修习都是非常有价值的一个法门；其次，这是入门指要，讨论直接、扼要，对于初学者帮助很大。

认识于先生这些年，得到他很多指点。虽然没有修习，并没有入门，但至少在强身健体上受益良多。同时，在世间法上也有很多启发。我自己曾经是战略学教授，后来又在公司工作多年，对于理论和实践相结合的重要性有很深的体会。战略和管理最终也是门功夫，需要见、理、行的结合，需要信、愿、行的反复循环，需要好老师的不断指点。

曾鸣

二〇一八年六月十九日

目录

第四篇　教学琐絮

第一篇 立禅先明理

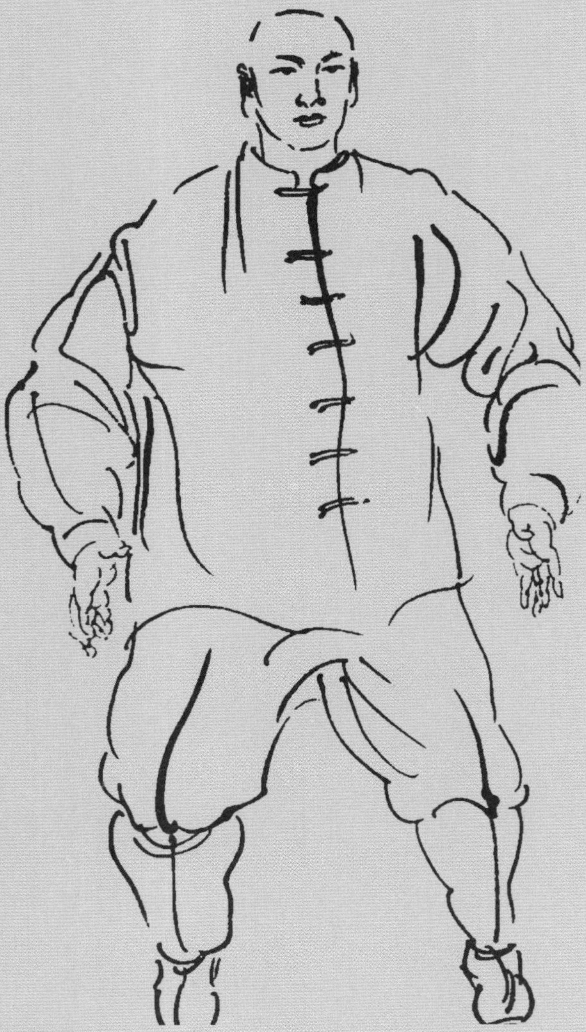

一、中国传统文化中的“理”

在我最初学拳的时候，师父王选杰先生就跟我讲了《心意六合拳》序里面的一句话：“天下之学问有二：曰文、曰武。”前贤是站在古人阴阳辨证哲学的思想基础上说这番话的，“一阴一阳之谓道”，对偶的概念常常用来表达一完整事物，然而很多现代人看了，往往会简单化地将二者割裂，甚至对立起来。

后来慢慢地在练拳和读书的过程当中，我发现天下的学问没有那么简单。读了《中庸》以后，知道了“博学，审问，慎思，明辨，笃行”；读了《大学》以后，学会了它讲的那个次第：“修身、齐家、治国、平天下”等等，我悟出了一个道理——天下的学问就是两个重点，一个是“理”，一个是“行”。

形意拳理说：“以形取意，以意象形，形随意转，意自形生，法随意变，式随意从。”这是在说形意拳的次第，在说“理”。

太极拳《走架打手行工要言》说：“能引进落空，能四两拨千斤；不能引进落空，便不能四两拨千斤。……欲引进落空，四两拨千斤，先要知己知彼；欲要知己知彼，先要舍己从人；欲要舍己从人，先要得机得势；欲要得机得势……”这是在说太极拳的次第，也是在说“理”。《大学》里面也讲：“知止而后有定，定而后能静，静而后能安，安而后能虑，虑而后能得。物有本末，事有终始。知所先后，则近道矣。”这也是在讲次序、次第。

中国传统文化中的“理”是道理、事理，不同于勾股定理那类的逻辑定理、定律，它讲究次序、次第，也可以说，讲“理”就是讲次序、次第；另一方面，不同次第有具体不同的“理”，正像人们常说的“一层功夫一层理”，这种“理”是层层深入，不断壮大的。

由此我就悟到，修习任何学问，需要把明理放在第一位，否则，便不能按次第去修习；或者只懂得执着于某一个基础的次第去修炼，无法进入更高境界。

就像有些练拳的人只会花时间在习练拳脚功夫上，有些修行的人就只把重点落到修禅定上，有些做学问的人只落到语言或者文字上等等，这些都是不明理，只在学问次第的其中一个点上做文章。如果不明理，那些穷一生的精力自以为练得一身功夫、自以为掌握了很多学问的人，实际上还只是门外汉。

理和见

说理要清，见要明。如果理不清楚，见地不够明，则不管如何用功也是徒劳。我见过一个练形意拳的人，年轻的时候练得不错，但是现在可能由于名气越来越大，需要让人觉得他的自身越来越强大，于是他就开始瞎踱，踱出来一种练法，全身较着劲，身上没有神气，手上有些怪动作，气场与动作完全不合。出现这种状况的原因就是他的见地不明，没有一个很清晰的理路支撑着他，他即使随便改变拳路，也只是万变不离其宗，一切服从于他原有的见地。但是，他却走偏了，偏的原因就是见地不明。这对练武的人来说，后果很严重。

还有一些人，他们学拳以后，不知道自己的见地是错的，所以练的方法也就错了，他们的习气也因为练拳而变得愈加偏执。同时，在他们自己的认知里，挑那些他们认为比自己高超的见地来下功夫。他们的认知随着得到的知识而不断改变，不过他们自己却不容易察觉到自己认知的改变，因为练对练错都有功夫，只是心性不同而已，所以他们变到另外一种习气里去了。如果练错了方向，可能引起很大的心理偏差，这是很严重的。

因此，我们练拳始终要践行“恭、慎、意、切、合”的这个“恭”。如果从儒家来说，“恭”是达致良知的最重要的手段。只要做到“恭”，心就能放到光明处，不偏离生活的大道，见地不跑偏，那么练拳生活的方向也不会错。

信和愿

学习中国传统文化首先学的是“道”。这不同于学习某些门类的现代科学知识，可以在怀疑旧知识体系的基础上建立新的体系，而是需要整体把握才能窥得其中的究竟。初学者无疑是做不到这点的，你先得有一个“信”字，才能接上这个法脉，得到真传。若不能先相信授者，学习者便会不断提出疑问，要解答这些疑问，势必会节外生枝、不断偏离所要学习的体系。庄子曰：“吾生也有涯，而知也无涯。以有涯随无涯，殆已。”博大精深的中国传统文化，正是前贤在信的基础上继承先人智慧结晶，不断发展而来的。

学佛有一句话“信为道源功德母”，还有一句话“信受奉行”，这都是说，没有“信”作前提，所听所学的一切都是白费。中国各类传统的学问和技艺在过去的几千年中仅限于在家族内部传授，师徒往往也是父子，在这种情况下“信”自然不成问题，但是现在的情况已远远不像过去那么单纯了。另一方面，传统文化的断裂也使得大部分人的思维方式与古人相去甚远，即使得到明师指教，大部分人也做不到“信”，最多也只能做到层次不够的“信”。

说到“信”，最典型的例子就是立禅。当年王老先生谈到，拳练到一定程度后，便会进入禅境；王老先生也谈“以立禅为最究竟的站桩法门”，但弟子们大都只把工夫用在拳脚功夫里，进不到立禅的境界里。为什么？就是因为不信。他们不听王老先生的谆谆叮咛，总以为拳脚功夫就是练大成拳的究竟，不相信“以立禅为最究竟的站桩法门”就是大成拳最究竟的法门，所以都不能练到大成拳的最高境界。大家由此也应该明白“信”的重要性。

信了之后，还得有愿望、愿力才能把一门学问学好。“愿”也就是我们讲的“立志”，没有“愿”，便没有充足的决心去把事情做好。要把拳练好，不是一两天可以做到的，所以没有决心，没有愿力，就不可能把拳学好、练好。儒家讲的“为天地立心”就说明“愿”的重要性。我们很多前贤、儒释道等等理论，都强调这个“愿”。

法和行

要有效地学习一门学问，必须有正确的方法，由此也说明前面所说“信”的重要。如果没有信，学习者必然对授者所传授的方法起疑，然后自寻方法去习练，那便与正确的方法越来越远了。

另一方面，传授者也需善用方法。有时候，有些人不明白这个理，你还不能非要让他明白，因为时机不到；如果你非要让他明白，这事情恐怕就没法进行了。人的理解是一层一层的，这一层牢固了，再上更高一层，这种传授的方法本身就和法一样重要。

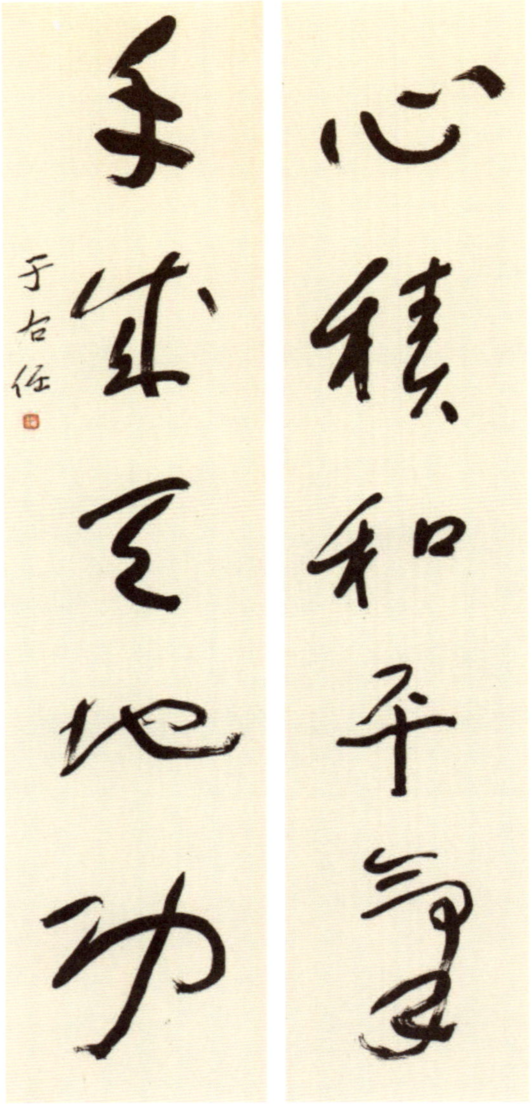

◎ 心积和平气，手成天地功（于右任）

二、立禅、大成拳的“理”

我们已经说清楚明理的重要性，现在我们谈一下立禅、大成拳的“理”。立禅讲究“以中而行”。首先需要确立一个概念：什么是“中”。“中”的概念很复杂、很抽象，古人也曾经讲过很多，这里我们先讲形上的：位置的中。

人生活在天地之间，如果人跟大地连接，他的身体就成为有形的“地”的延伸，人必须依附在地上才能做任何事情，因此人便离不开地。由于离不开地，就只能在与地实接的时候显示出自己的存在状态。如果人能与虚空相接，把有形的身体慢慢地变成虚体、变成意体的话，将成为另外一种连接状态。但是这两种状态都有其局限。

人与地相接时，就像一株大树，它很稳健，不容易被动摇，但也正是由于它根植于地，因此便受到地的局限；于另一种状态时，人与虚空相接，就像在空中吊起的一只风铃，随风飘来飘去，虽然相对自由，但是也受虚空的限制。

再看另一种状态，这种状态比较抽象，我们姑且用水中的鱼来做比喻（姑且作喻是因为任何比喻都不可能全面，请大家只需理解比喻的意思，千万不能引申）。鱼生活的环境是被四方八面的水包围，但鱼不执着于上边，也不执着于下边，不受制于上，也不受制于下。鱼被它下方的水稳稳地承托，但是不被下方的水局限（没有前面说的人与地相接的局限）；它既可随水流漂移，亦可自主地游动（亦没有前面说的人与虚空连接的局限）。这是一种自由状态。我们说，不落到实，不落到虚，非实非虚，这就是超越了虚和实的一种状态，这就是“中”的状态。

那么人在天地之间的“中”的状态是什么呢？就是既不接地又不接天，既不落到实又不落到虚的状态。如果从拳的角度讲，古人说，形意拳是诚中，也叫实中；太极拳是虚中；八卦掌是变中，也叫空中。只有这个“空”，才是真正的“中”。

普通的拳术，练的是人和地的关系，修炼的方式只着眼于人跟地的作用力和反作用力。在立禅的名言上，我们称为练“接地”。立禅和大成拳，需要先把“接地”这个概念放弃，在这个“离接地”的基础上，先练以虚空延伸到身体为入手的方式而建立的一套系统。这样一来，就要把地和天的关系在自己身上重新定位，接的是虚空而不是地，我们称为“接天”。因为我们练的是中道，只有接到虚空以后，人才不需要依赖和地的这种关系，这样才能把“中”的真正要素找出来。建立了这种人和天的连接关系，才能体会到什么东西能建立这个身体的“中”。练到可以与虚空连接以后，我们还需要更进一步，放弃“接天”这个概念，以这个“离接天”的境界为基，同时学会“用天、用地、用万物”。王芗斋先生说：“顶若丝悬，脚若踏空，口若含珠，手若浮萍。”这就形成了一个与日常生活连接并行的感知系统。普通拳术的系统是只注重人和地关系的系统，就是技术系统、功夫系统、自身系统，也就是形的系统；与虚空连接的系统叫感知系统、身外系统，是一个无形系统。这是截然不同的两个取向。练大成拳，须先明白这个理路以后，才能由师父指导你的实践，这就避免了如其他练拳的人那样盲目地落到一个自己喜欢的所谓方法上。

技术系统、功夫系统，都是以自我为主导的，目标就要把自己练得强大、有力、有速度，把各种自身的砝码不停地加大，因此都只是习练人与地的连接。接地的能力练得越强，就好像自己武艺越高强。当这一类人互相比武切磋的时候，接地越深的人，就能胜过接地较浅的，这更让练武者向往把接地的功夫练好。

感知的系统是要练到把自己融到虚空当中。与技术系统相反，练武者追求的不是自身的强大，而是需要通过练习，让练者合于大道，越来越没有“自己”“自身”等概念，所以是两个截然不同的系统。

如果不明白这个道理，在以后学习的过程当中，就会出现一些严重的问题。比如，本来练的是感知系统，一看别人练的是力量、速度，或者别的什么功夫，认为借鉴一下能使自己的武艺变得更厉害、更高级，这一“借鉴”就把自己习练感知系统的理路给断了。反之，一个只练自身强大的人，必定是以把自身练强大为练拳的理，他自然就不会明白练自身虚空的奥妙所在。

如果是练自身强大的、练技术、练功夫的人，就会有“力拔山兮气盖世”这种自我追求；练融合虚空的人则会有“神如雾豹，意若灵犀，力含宇宙”这样一种追求。这两种追求是不一样的，它们的理路不一样，心法也就不一样了。过去练拳脚功夫的人，他们的要诀有“工、顺、勇、疾、狠、真”。但练感知系统的人，他们的口诀都是无形的心法“敬、谨、径、劲、切”。后来王芗斋老先生根据自己的修炼境界，又把这个心法再提升，总结出五字诀：“恭、慎、意、切、合。”

立禅是真正能践行中道的最简洁法门。王老先生说：“能得枢纽环中窍，自然动静互为根。”这就是立禅过程、生活过程中的一种生机、状态。在用的状态时，就是不论姿势，只看进退、虚实的大概意思。

我们常说：“意在身外。”有人问我：“意在身外、神在身外怎么行呢？练拳不是需要内敛吗？”这个疑问，只是问者从他的认知，把自己的概念外加于大成拳的口诀上，这便把大成拳的真谛歪曲了。王老先生的口诀里面说：“身外须有意，此意还存于身。”这就是“中”。“身外须有意”是指要把身内的意，延伸到身外，而不是把身里的意都赶到身外。意于身外身内都是同一个意，没有内外之分，这就是“中”，学习者不能硬把他的认知强加于大成拳理上。如果不明白这个道理，就没法练好大成拳。

再举一个例子，太极拳有一句口诀说：“以静制动。”要正确理解这句话，必须从修炼的方向去理解“静”是指什么，这很重要。如果不是从修炼的方向去理解，只从文字上理解“静”，就只是在知识层面上的推理，所得到的理解只会停留在安静、缓慢、沉稳等，都是由“静”所推理出来的概念上，这跟从修炼以后得到的“静”的理解，是完全不同的。经过修炼以后所理解的“静”是处于无我的、生机无限的状态，在这种状态下，才能真正做到“动之则分，静之则合”的一个太极的状态。

现在越理越清楚了，这就是，理路不一样，要求、心法就不一样，用的功夫也就不一样了。“理”越来越清晰的时候才知道自己在追求什么目标，这个时候才可以实践，才知道该怎样练。

三、立禅与大成拳的关系

大成拳是立禅的体验，也是体验立禅最好的一种方式，只可惜练拳的人不容易接上立禅这个法脉而已。不能接上的原因有很多，有些人机缘不足，难以遇到精通大成拳的师父，无法接触到立禅这个法脉；有些人有缘接触到立禅，但是没有“信”；还有一些人，虽然已建立了正确的见地，而且“信”，但是愿力不足，没有足够的决心去练。可见，要接上立禅这个法脉有多难！

王芗斋老先生曾说过：“我在的时候，大成拳只有一个；我不在的时候，大成拳就有无数个了。”这是什么意思呢？我们的日常生活，都建立在惯性的基础上。但是大成拳是建立在空性基础上的一种拳法，练大成拳，必须先学会空性基础。如果我们一直停留在惯性的基础上，以惯性以及自己的知见练拳，并不能进入空性基础，所以就很难进入王芗斋先生所说的大成拳法中。王老先生在世的时候，以他的加持力及摄受力，加强了他弟子的“信”，建立了一个无形的管制，所以只有一种大成拳。当他不在了的时候，练拳的人就随心所欲地以他们的知见去发展、创造，那就会形成各种各样的大成拳。

由于王选杰先生家学渊博，又有学习大成拳的悟性、基础，而且“信”与“愿”都具足，所以他可以传承这个法统，传承这个法脉。

王选杰老师的很多弟子都认为他保守、守秘，没有把最高的大成拳教给弟子。实际上他并不是保守，他只是因材施教。他把见地降低来说功夫、拳法、站桩等等，就是因为如果他不降格，直接对弟子们讲“空满”“妙有”“用意不用力”“精神笼罩”，这些弟子们的认知离这种见地太远，他们就会对王老师失去信心，那可能让他们连大成拳的门都入不了。所以王老师其实是持大悲心来教弟子的，但却常常被人误解，用他的话来说，就是“不管你练什么拳，你到我这里来，我让你在原来的基础上有所提高就可以了。你不要想大成，非其人不能传，非其人不成”。

那么大成是什么呢？大成就是废除了执着、程式化、模式化的一种身心状态、感知状态。通俗地说就是有弹性的、有生机的状态，把身体、把身心连接起来。它的功夫是让身体在空、乐的状态下弥漫，达至与天地相接的境界。大成是一个修炼方式，它不停地让这种状态真实化、放大化，而不是练所谓的力量、速度方面的功夫。当你的这个虚无很真切的时候，这就是技术，这就能理解了“身起有相外，法在无念中”的要领，也就能体会到“无中有，色即空”“有形非觉体，无相乃真形”的真正的妙义。

当功夫越来越深的时候，你自然就能感觉到，不管多强大、多弱小的人在你面前，都像小孩子一样，这时候你才能体会到“相对如婴儿，举手不能逃”这一境界。与此同时，身心到处都是机和势，处处得机得势，这就完全超越了身体的动作技术。这时候你才能体会到一个虚化又真实的状态：身上很清静很干净意合宇宙、神气畅通、接天通地的中道功夫，其大无外，其小无内。

要达到这个境界，我们需要学会大成拳的理和法。然后让这个境界、这个状态统领这些理和法，那就是对“自我”建立一个新的认知——建立重新做人的系统、断除习气的系统。这种觉悟之法是放下自我后的大丈夫行径。站过禅七的人都知道，需要把自己的小聪明全部放下，让自己融到法当中，融入自然当中，心地会越来越柔和、越来越广大。

我们常说，立禅是站桩的极致、究竟，所以要求精神要放开、通达，还要用这颗安住的心来作基础，这时候智慧的身体才能起用。这样，新系统的建立就把过去的习气、惯性破除了。智慧的身体也就是无执着的身体，否则又只是惯性的状态。

大成拳是武艺的境界，可分为三个层次的境界：第一个境界，就是全身的气血跟身外能感知，神气内敛，身体通透；第二个境界，就像猫一样身上丝丝有声，行站坐卧，谁都不能碰，人不能挨，一触即发，这是它的中成

◎ 王选杰立禅

功夫；第三个境界，就是“身外生气，光芒四射”，用王老先生的话说是“如用目视人，其人就没有知觉了”，这样才能进入神化之境。

立禅是道艺的境界，亦可以分为三个层次：第一步是畅神的功夫，第二步是神内敛，第三步达到空的、自然的、自在的状态。这才是真正立禅的状态。

第二篇

立禅之修炼

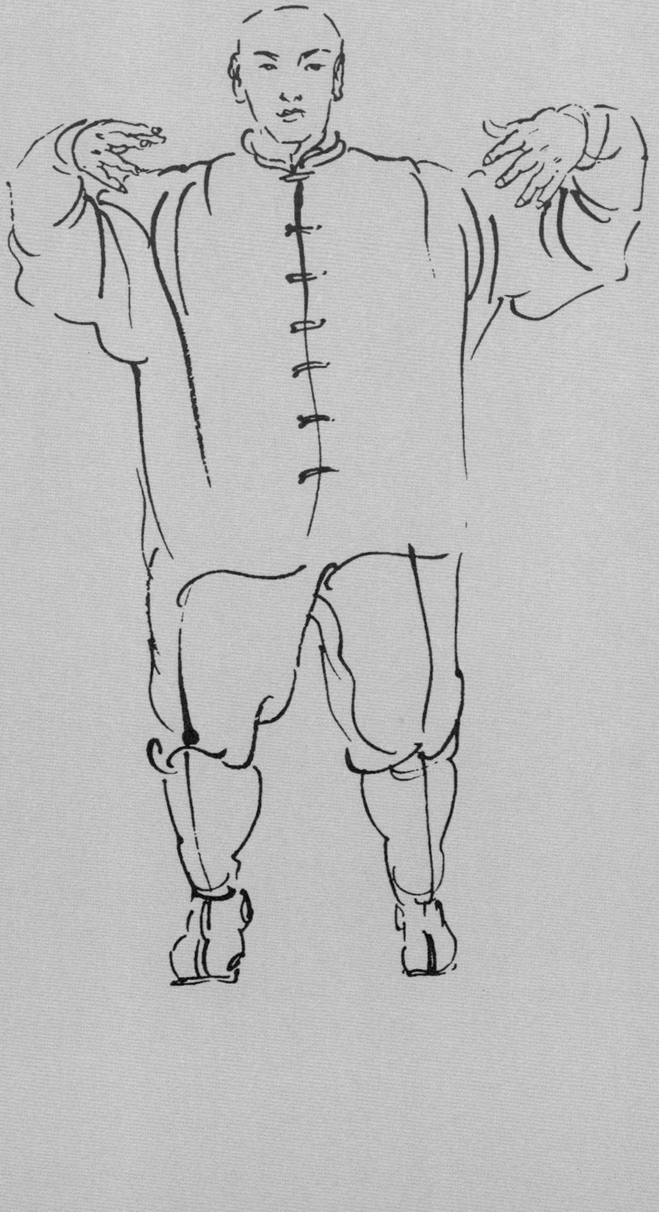

一、立禅恢复桩的要领

把“理”都交代过了，我们现在讲“行”。

完善自身的第一步功夫，从立禅恢复桩开始。

首先，目光要自然地与周边，特别是前面周边的虚空相合。就是眼睛能观照到周边的事物，又不紧盯着一个地方看，但也不是不看眼前的事物。这是对眼睛的要求。

耳要向身后听，与眼形成一个整体，然后，面部似笑非笑，用这个似笑非笑的神情通过眼睛跟耳与周围连接起来。

保持这种状态，然后双腿分开，与肩同宽，胯往下坐一下，以大腿面不受力为原则，胯和脚之间保持一点儿弹性。这时候，刚才的要领“视而不见”“似笑非笑”这两种状态不能丢，眼神和头不能乱动，不能看自己的双脚对不对，只需要凭感觉去觉知。

从这时候开始，我们就进入感觉状态，而不是用眼睛看，凭主观意识调整的状态。调整不是用眼睛看着来调，而是凭感觉来调。

下一个要领是，膝盖要有上提之意。虽然有弹性，但是弹性有上下之分，弹性是上下关系。当你把这个弹性定位到有上提之意的时候，这就在一个静止的状态。保持这种状态，然后双手自然地垂在身体两边。

然后再加一个要领，要有“似尿非尿”的感觉，同时胯往后稍微收一下。收的同时把腰放松，然后再把心口放松。这个要领要注意的是，收胯的时候腰容易紧，这时把腰松一下，只需要感知、感觉它，然后把心口再松一下，就可以了。我们开始时的要领是“视而不见”及“似笑非笑”，现在加了一个“似尿非尿”，就是要收胯、有弹性。在这个时候，我们需要用一点儿时间，慢慢地去体会，在做这些动作及要领的过程当中，膝盖和腰松开的感觉，心口松开的感觉，脖子松开的感觉，然后是整个人的骨架好像有股无形的引力把它升起的感觉，同时所有的肌肉都是放松、都是往下沉的感觉。这样，就形成了一个松开和松开以后有升起和下沉相对应的合的状态。

体会过以后，口微张，口若含珠，就是牙齿似咬非咬、要开没开的状态；耳朵能听见耳鸣的声音。刚练的时候，听不见也没关系，多练慢慢会听见的。

以上所有的要领都是感觉一下就放掉了，不能老是守着要领。要领只是手段，我们练的不是要领。

这个练习是完善自身的第一步功夫。

自身一步一步完善之后，再拿完善的自身跟外界、跟虚空连接。这个过程，就是王芗斋先生所说的“己身已具备，反向身外求”。

二、为什么要从站桩进到立禅

复其本然，增益良能

从古至今，站桩一直是拳术的基础。但是只有极少数的拳派，如形意拳、少林拳、太极拳、八卦掌等，把站桩这个基础摆在了很高的地位。

我们的身体在刚出生的时候，是处于一种与大自然融入的本然状态。但在成长的过程中，我们的身心不断受到日常生活和名言、概念的杂染，很多人还需要面对升学、就业、升迁、成家立室、生儿育女等问题造成的压力，随着年龄的增长，如果没有适当的调整，我们的身心便越来越远离本然的状态。这体现于身体的僵硬、习惯用力，心理上的紧张、过度思虑等，表现出来的都是习气、惯性的状态，而不是融入自然的状态。

站桩的目的，是让身心发生变化。首先，恢复到我们出生时的本然状态，然后还能让我们进一步达到一个浑圆的状态，也就是古人说的，身和心“松、静、自然”的状态。站桩是让身心发生变化最有效的方法。站桩的姿势接近于我们身体的生理主体结构，能使内脏放松归位，骨节对位，百脉顺和。古语云：“百练不如一站。”

其后，通过立禅，更能让身心从浑圆状态转变到儒家所说的“浩然之气”、道家所说的“虚怀若谷”的状态，让身心能练到觉知、觉悟。

站桩的过程中，有些人能悟到比肢体拳脚更重要的道理。他们悟出肢体拳脚的能量是有限的，所以不再以自己的身体为主体，而是以身外的宇宙虚空为主体，然后把自身融入宇宙虚空之中。

像形意拳的李洛能、郭云深、孙禄堂，他们认为站桩能培养人的“中和之气”。郭云深先生说“易骨、易筋，易髓，变换气质”，整个人就变了，就脱胎换骨了。但也正因为他们都是武术家，他们虽然悟到了很多道理，却都没有脱离武术这个范畴。其实，他们的理解已经很接近比本然状态更高层次的浑圆状态，但是因为被武术所缚，所以不能确认这种状态。又或者可以说，他们根本不想离开武术的范畴。

“固灵根而动心者武艺也，养灵根而静心者修道也。”武不再是武，而是养灵根的方法，修道之载体。古人说的“返婴天籁”的状态，就是本然的状态。本然状态只是良知良能的基础，只是生活中起用的基础。什么是良知良能？孟子曰：“人之所不学而能者，其良能也；所不虑而知者，其良知也。”不用思考就能明白，就是良知；不用学习便能把事情做好，是为良能。

良知良能是人人都具备的，但由于在我们的成长过程中身心受到杂染，离本然状态越来越远，许多良知良能被习气惯性所遮蔽了。武术家通过站桩，可以回到本然状态，恢复良能，但他们的心思还离不开拳法。虽然他们站桩的功夫已经达到儒家所讲的“至诚之道可以前知”“寂然不动，感而遂通”的境地，但他们的意识脱离不开拳术，脱离不开自己的这个生命状态赖以安心的拳

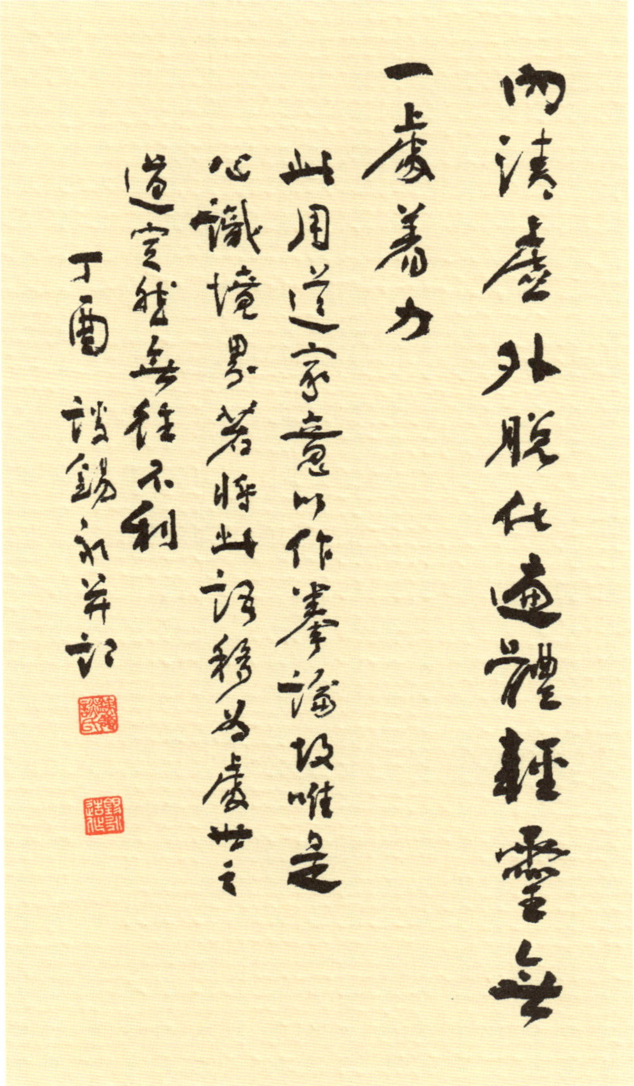

◎ 内清虚，外脱化，遍体轻灵，无一处着力（谈锡永先生题）

术主体。如果他们能领悟到拳术只是一个载体，能抛弃对拳术、肢体拳脚的执着，他们练拳术就能成为“道”的显现。

学拳，也像学儒、学道、学佛、学弹琴、学书法等一样，让我们找到修炼身心的方向，并且这种修炼是在生命本然状态基础上的直接延续，不会偏离生命与自然的大道。在拳学习炼的过程中，有了良能为基础，我们要让良能起用、让良能周遍，使其达到无所不在的浑圆之用的境界。

站桩的人为取向和立禅的不预设

立禅是生命本然状态的直接延续，是人生之道、生命之道、自然之道的三道合一。立禅和本然状态的区别，就是有了良能、有了能量了。大家看到婴儿都感觉很好，很纯净。虽然婴儿是在一个本然状态，没有杂染，没有习气，但是这也是一个无能的状态。如果你不照顾他，他没法生存，因为他没有能力。但是当你到了浑圆状态以后就没有问题了，因为你有感知力、有觉知力、有能量了。

武术家站桩站到极致的时候，本应该知道不只是练拳脚功夫了，但是他们原先追求的方向就是练拳脚功夫，很难脱离这个追求，毕竟拳术才是他们的生命之道。而我们现在所讲的已经超越了拳脚功夫。

我们学习、修炼立禅，要超越武术的范畴，使其在生活的方方面面起用，用立禅把良知良能找出来，培养它、激发它。浑圆这个状态是没有方向的，它不是拳，不是儒，不是佛，也不是道，而是生机状态的延续和超越。生命的本然状态就是没有儒、释、道，没有这些名言概念，是很干净的。马一浮先生语："儒释道俱是闲名。"

现在大家可以理解了，站桩是有人为取向的，立禅是不预设、摒弃习气惯性、不带主观偏见的，是生机无限的浑圆状态。

对于站桩的人为取向，我们从下面两个方面可以清楚地看到。

第一，站桩的其中一个功能是为拳法服务。譬如站浑圆桩，要有抱个东西的概念，需要把意识定在某一个地方。三体式还要前三后七，需要注意前手怎样摆、后手怎样放等。这些要求为拳法服务的方向很明确。

第二，从一个更高的层次来说，站桩的目的是先让我们从“接地”修炼到“离接地”，再从“离接地”修炼到“接天”。再详细一点来说，我们一直处于被日常生活、名言概念所杂染的状态中，所有日常活动和心理活动都是建立在牢不可破的人与地连接（“接地”）的观念上。通过站桩，我们能先打破人与地的连接，恢复到本然状态（“离接地”），然后修炼至能与虚空连接（“接天”），达到浑圆状态。这是从另外一个角度来理解“有人为取向”的。

立禅就不一样了。有成就的前贤通过站桩觉悟到的不是拳、不是武艺，而是静心养灵根的道艺，是一种身心觉悟，有灵机、有感知的觉悟状态。我们称这种觉悟状态为立禅。这个觉悟状态无法用言语来表达，所以说立禅是没有方向的。

从另一个角度讲，立禅要舍弃“接天”（“离接天”），舍弃一切依托和束缚，与天地万物相合，并能用天、用地、用万物，这当然是没有人为取向的。

因地心，果地觉

立禅就是从浑圆的状态开始去觉悟。所谓因地心、果地觉，就是说立禅以站桩的目的地作为起点去修炼。立禅的戒律就是生活应有的状态，生活处处都是觉知。举一个例子，譬如你们坐下的时候，需要对身体保持清晰的觉知状态。如果一坐下，就无力地靠在椅背上了，对自己的体重甚至自己存在的觉知完全不在一个清晰的状态，这样就不是在修炼觉悟力。觉悟，就是时时刻刻需要在体用状态。

站过桩的人都知道有很多要领，譬如撑、抱、提、沉等，这些都是要领，不过也只是要领，并不等于站桩。这些要领都是我们施设出来的名言概念，目的只是让练站桩的人更容易达到站桩的目的。前面我们说过，离开了我们出生时的本然状态，就是因为受到名言概念的杂染，所以练站桩的人，不能只把注意力放在这些要领上，这只会加深我们的杂染。那站桩的目的是什么？前面已经讲得很清楚，从杂染状态修炼到浑圆状态。

立禅的觉受是怎样的？立禅就是从站桩练到浑圆状态，练到觉悟的状态。这个阶段很难以用言语形容，所以需要有证量的师父言传身授。

虽然难以用言语形容，但是我们可以简单地介绍一下，人在站桩的时候，头不动，清虚之气随着周身关节的灵机有上提之意，身上的肉有往下脱化之感，这是立禅的开始。

拿练上提之意来说，平常人站桩的时候，很着意地去放松肌肉、保持各种姿势等，会让练者执着于松。

坐胯不能把头坐下来，头要有上提之意，虚领顶劲、降而不落的时候，头没有落下来。当你练头不落的时候，于生活当中处处拿这个用就可以了。我们不是练有劲，练这个头不落就可以了。

虽然从本然到浑圆状态，形没有破体，力没有出尖，练站桩的人在外表上看不出什么改变，但是如前面所说，儒、释、道是生命状态上重新建构的手段，浑圆状态就是跟生命的生机状态相吻合，通过站桩，最终能达到生命的觉悟状态。

《大学》言“止于至善”，孔子说“七十而从心所欲不逾矩”，说的就是立禅的境界。但大家需要明白的是，立禅和于儒家，却非儒家。

普通人站桩是拿规矩、拿要求、拿要领去站，因为它是因地。立禅却是随心所欲地、不逾矩地站，因为它是果地。

道家最重要的思想是无为，心不设一念就是无为。你不能要求怎么样。拳论讲“身如绳系”，这就是无为。立禅就是这一个要领，因为你达不到这个要领所以才有了其他要领。吊起来放空，不同于站那里当桩的。

站桩，有人讲要入地，也就是我们前述的“接地”。过去有心得的老拳师却说：“你再入地，我也给你连根拔起来。”说谁桩功练得很深啊，也有人过去一脚你就得起来了，这是真的。

但是当这个人是拔起来、吊起来的状态的时候，他就倒不了。可是你就算埋得再深，也能连根拔起。

如果没有正确的见地，练站桩的人不敢从练“接地”的桩里、从埋在地里的实的状态转为追求吊起来那种“虚”的状态。因为他适应了“实”的状态，不认识或者不信任“虚”的状态。

不敢的原因，就是活在自己的认知通道里面，这个通道他自认为是真实的。比如他认为他是佛，他认为他是道，他认为他是儒，实际上他不是真正的佛、不是真正的道、不是真正的儒。

所谓“不先物而为”，是说不是自己在“想当然”。我们不妨在这里停下来想一想：我们在日常生活当中有多少“想当然”？这些“想当然”的思维，有多少是妨碍我们去觉悟的？

譬如我们前面举过的例子，练“接地”桩的人，“想当然”地认为，练得埋在地里越深越有实的感觉，这“当然”就是练得好。这种“想当然”确实在妨碍我们达到更高的状态。

立禅就是“不先物而为”，它是一种感知状态。这也就是《金刚经》里讲的“应无所住而生其心”的状态。“无所住”在这里可以简单地解释为“不想当然”，“生其心”就是由“不想当然”而去感知，这就是立禅。所以说站桩是有为法，立禅是无为法。

用虚合道

道家修炼有一个说法：“练精化气，练气化神，练神还虚，炼虚合道。”其实，精、气、神的转换是不练自练，不化自化。“精气饱满，精神就足。”自身会自己运化，不需要你去练。要练的就是“炼虚合道”。说“炼虚合道”都易误解，应是用虚合道。立禅就是用虚合道。

讲到这里，立禅的理已经解释清楚了。但是现代人的知识和轨道跟古人不一样，所以还要继续谈一些。

古人说：“行、站、坐、卧不离这个。”“这个”是什么？就是身心觉知的状态，也叫拳拳服膺。

当人的身体有智慧，心有智慧、有力量的时候，身心可以在一如的状态，身体也可以处于虚的、有感知的状态。身体越能虚化神气，就越能到浑圆状态，甚至到觉悟的状态。

婴儿的身体是虚的状态，但他的神气是满的。成人都习惯了与地接牢的状态，因而身体是僵硬的，执着在一点的状态，所以没有经过修炼的人都没有虚气相即的神意状态。

八卦掌、形意拳、太极拳练对了，练到最高境界可以达到浑圆状态，甚至觉悟的状态。这是浑圆和觉悟状态在拳上的显现。如果日常生活及工作中的一举一动、一言一行，都能用上这浑圆和觉悟的状态，你就时时处处都会觉得很舒服、很轻松。用这样的身心去工作、去生活，是很美好的一件事。

过去一些练形意拳的人，练了一辈子劈拳、崩拳，都快要找到这种浑圆状态了，可惜被规矩限制了。练了两个拳，还有三个拳没有练，我要把这学完。学完了五行拳，十二形还没有学，我要把它们都学完。他们把拳脚功夫设为目标了，不知道这些其实只是手段。有形是手段，达到无形是目的，以有形之体为无形之用。我们需要通过有形，去练无所不在的形、无相的形。

如果执着于手段，分别于手段，必然会落在手段的概念里面，无法脱离手段。这就跟做事情、工作一样，事理不能圆融，执着于名相，劳而无功。

怎么样才能圆融无碍？就是立禅！谈前人得道的经验，他们是怎么证得的？只需要体会到无相之形就是了。立禅也就是从这开始。

只要你立禅，你就能一直保持在立禅的状态和觉知

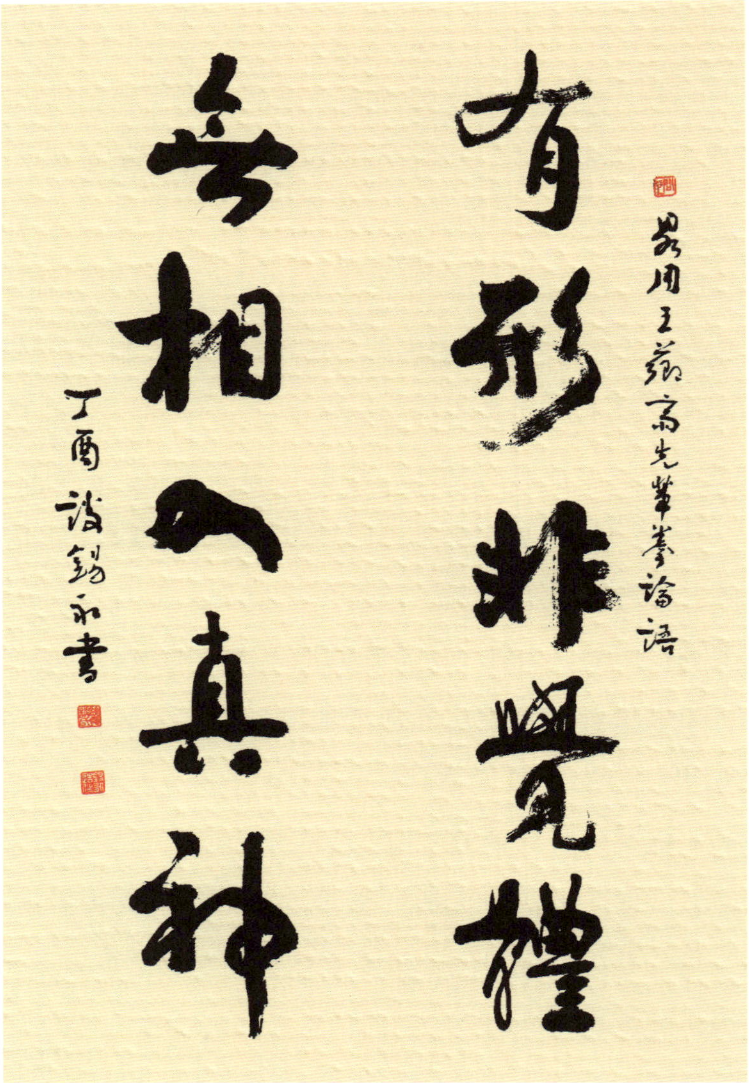

◎ **有形非觉体　无相入真神**（谈锡永先生题）

里。只要你在日常生活当中，按我刚才说的方法去持戒，这就是立禅。你持住这个状态，就对了。

站桩若不破除习气，就是一步一个陷阱，习气时刻都在夺你。有人说："修道者多如牛毛，成道者凤毛麟角。"这种凤毛麟角其实是不存在的，因为他练的就不是成的事情，成的事情就是用虚合道，而不是人为地"练精化气、练气化神、练神还虚"。

这个虚怎么来的？立禅！

从本然到浑圆

有人强调站桩重心要放在哪等等的要领，这些都是有为法，都只是手段。如果执着于这些要领就练不好。那么站桩需要追求什么？就是你站的时候形不破体。

一个物体怎么样才能稳呢？不偏不倚才能稳。如果你的身体略微前倾了一点儿，你的身上必然有地方使劲去平衡，这样你的身体才能稳。拿着劲就是形破体、力出尖了。

你站桩站好以后，百会、天突、尾骨和两脚之间是一条直线，这条线是什么线？不是有形的身体这条线，而是无形的身体跟有形的身体重合的那条线。

慢慢练的时候，用有形的身体去练无形的身体，而不执着于这个有形的身体，那个无形的身体就会显现出来，这就是大成立禅的意体。

这个时候所有的所谓“要领”，就是为立禅服务的，不是执着于说松说紧了。这个时候练的是松紧之间的东西。

这个时候立禅是什么？立禅就是浑圆状态。浑圆状态就是“中”的状态，即形意得“中”，神气得“中”，虚实得“中”；开合得“中”，提沉得“中”，松紧得“中”。

从浑圆到觉悟

过去能做到以拳入道的老武术家，只有王芗斋先生等少之又少的几位，其他大多数的都是反复在一会儿明白一会儿糊涂的状态。在这个过程中他们身上的功夫还在，有功夫但不清晰。

王芗斋先生在文章里面说："拳练明白没明白，我自己都不知道。"我能感知到他没有说出来的那种浑圆状态，他其实已经通达了，只不过限于当时的条件，没有明确地说出来而已。

后来他在《断手述要》里面说："我希望从我学者能讲出我未讲的。"立禅是接着王芗斋先生继续讲，以觉悟的身心和于儒、释、道。

立禅是从本然到浑圆，再到觉悟，是没有方向的形不破体、力不出尖、神不外溢、意不露形、不落顽空、不著色相的生命智慧状态。

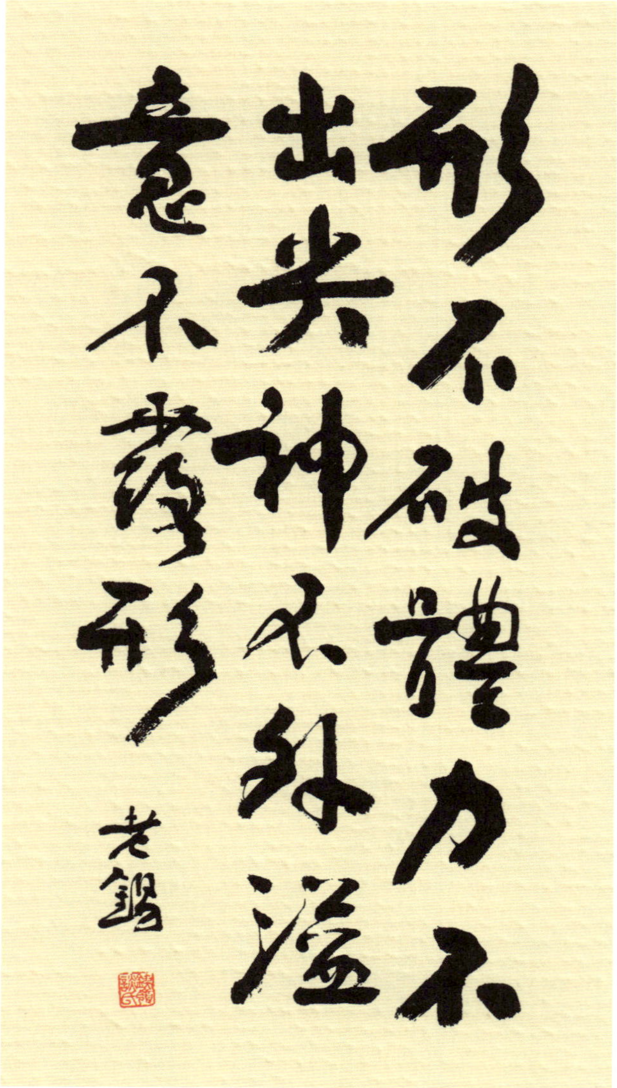

◎ **形不破体，力不出尖；神不外溢，意不露形**（谈锡永先生题）

三、立禅的方法和次第

有形非觉体，找到虚体

立禅需要学、需要练。立禅虽然是无为法，但也需要有方法。无为自有为始，无为也需要有一个开始。

第一个要领是形不破体。用一些要领去找形不破体，找到后，培养出形不破体，然后需要把要领忘掉。

第二个要领是从实里面找虚。立禅需要对身外有觉知，不是单独自身的事情。门学法师说立禅是圆顿立教，出世、入世，生活、修行都能起用。怎样起用呢？就是把自己融化掉，让周围的东西活起来，这是无中有。

怎样才能做到呢？把自己看没了才能做到。自己的色身要看空了，要用自己的虚体。这个时候与外界就不是在对抗了，自己的虚体与外界就是合的状态。头虚了之后与虚空就能合上，脚虚了以后与地就合上，身手虚了以后跟人就能合上，这叫三合。只有合上以后，才能处在连接的状态，而不是对抗的状态。

大家体会一下，把自己放空，把自己放虚。真正的功夫是在生活中时时刻刻把自己放空、放虚。我们首先需要把这个虚体找到。

古人有一句话："有形非觉体，无相乃真形。"我们不该执着于自己的身体。把自己身体放空以后，出来的那个虚体才是真实的。

太极拳讲"节节贯通"，它真正含义，不是拿有形的身体去贯通，而是没有这个身体，要把它虚化，然后成一团气，有形的身体由这团气主宰。很多人练太极拳都只关注动作细节，而不是在境界上。

所有的关节，都要在一个"不丢不顶"的状态。这里有一个很重要的地方，原始点在头顶，由这个点拎起来去修炼。所有的练法都是在这种状态下进行。

以头顶为原始点，全身在"节节贯通"的状态，起用的时候不在自身，让它成为一种习惯。自身和外界也

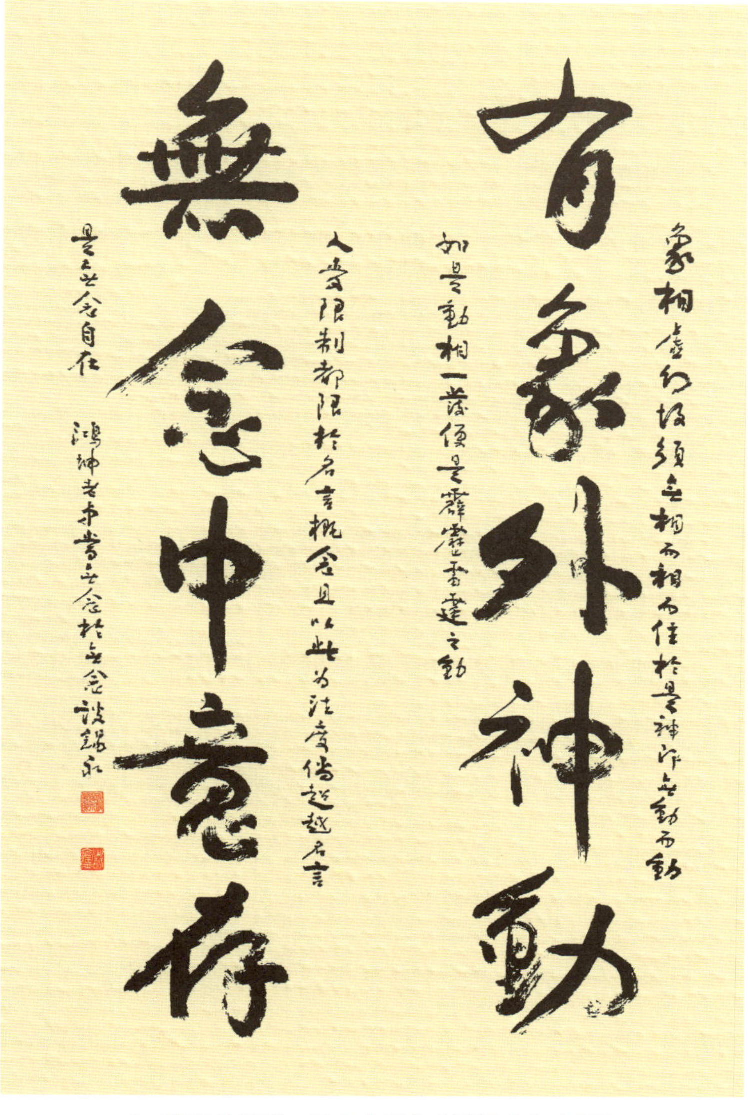

◎ **有象外神动　无念中意存**（谈锡永先生题）

是“节节贯通”“不丢不顶”。

练拳时，当宇宙万物之理与身体之理合到一起，你就能觉知这个境界了，即古人所谓“要知天人同体之理，自得日月流行之气”。此真妙谛也。

练虚体为意体

要学会连接，须知王老先生讲的“为什么有此一动”。

自己主动的动是自己玩。

当对方的势过来的时候，把对方和自己都看空，我让他的气息过去，我就能与他连接了。生活当中也是这样，不妄动、不盲动。动善时，以身外之意为动。这样，对方的动、对方的劲、对方的势，就成就了你的动、劲和势。先师所传动、劲、势，就是在说这个道理。

自身“不丢不顶”很重要。只有自身完成了之后，才能谈“反向身外求”。

古人说：“近取诸身，远取诸物。”打成一片了，身内身外是一体的，自身和外界也是一体的了。先要无我，才能无敌。不需要对抗，以不对抗的心完成事情，做事情才能浑然天成，不落痕迹。

有形非觉体，是从心态开始的。练这个虚体为意体，也是从这心态开始。虚体是本然状态。在觉悟状态下，良知良能得到起用的虚体我们称之为意体。

虚气相即，我顺人背

现在请大家静坐一会儿，体会一下这个意体。

大家体会了这个意体后，我们再延续，一步一步往里走。

生活当中要用，用什么呢？用有觉知力的身心，静出来那个状态的体：虚体。

动什么呢？动这个虚体。这个时候才能说体、相、用是一体了。

怎么用虚体呢？就是用虚体才有的感知力。

实体是执着于自我的状态，与外界是割裂的。在这种对外界没有觉察、没有觉知的状态下，如果跟外面发生关系的话，必然是对抗。

虚体是有感知的状态，与外界自然相合的，不是对抗的状态。只有当你从实体变成虚体，有了感知力以后，才知道怎么用。

感知力怎么用呢？有良知的能力，良能自然得到起用，不用而用，以良知良能为用。你感知到知和行都在一的状态下。当达到知就是行、行就是知的时候，才能有良知良能。

现在我们知道对自己的身体该有什么样的要求了。想要有这种良知良能，对身体就必须有要求，但要求不是形体的强壮，而是要求把形体变成意体。没有自我，把天、人、地融为一体。这是古人的智慧。现代人不往这方面想，所以做任何事情都费劲了。当你越想有能力的时候，就越需要把自己虚化，这样才能培养出能力。

太极拳高妙的地方，就是越到关键的时候，越要“舍己从人”。这个思路是对的，这是中国文化，是阴阳转换的文化。

普通人在关键时候是什么样的呢？是紧张。关键时候才要舍己从人，舍己从人不是目的，是手段。但是，你需要具备舍己从人的能力。你拥有这个手段的结果是什么？就是我顺人背。

大家再回味一下：意体，无我，虚体，虚气相即。

四、守中用中，以应无穷

守中用中，以应无穷。但是普通人用的都是“守”，没有用“中”。整体的“中”从脊柱这个“中”开始，然后扩大它、放大它。

有弟子问我：“从虚体里面出来的那个实，是不是也是中？”

答曰：“是。中不是固定的，是从这里开始，也是从这里开始印物。”

立禅的“中”是什么？

我们前面讲过，立禅“以中而行”，也简单介绍了形上的、位置上的“中”，不过那只是“中”的一个方面。“中”总是相对一定的范围和层次而言，它有入手的方法和次第。

“中”的入手是从身体的中线开始，从有形到无形，然后由实变虚。如果你抬手投足时破坏了这个状态，那就错了。只要保持在这种状态里，立桩也对，浑圆桩也对，斜步桩也对。这种状态就是“中”的入手。

“中”慢慢地由“实中”变成“虚中”的时候，就到另一个层次了。

“虚中”的时候，这个虚体的整体就是“中”。

两个人一搭手，“中”显现在全身以及身外。“虚中”可以无限大，也可以缩到一个小点上。但是“中”是有的。

“中”不能具象，不能死。

“中”到最高的层次是什么样的呢？是“空中”。先从虚体入，慢慢你就能体会到。

前辈们说：“持环得枢，以应无穷；得其环中，以应无穷；守中用中，以应无穷。”这里所说的都是“中”，“中”的基本概念就是这些。

怎样用“中”

很多练拳的人用的是手臂，有些人用的是身体。这都很片面，都不是练拳的最高法门。

我们前面已经讲过：“有形非觉体，无相乃真形。”实体是执着于自我的状态，用的是习惯。把自己身体放空之后，出来的那个虚体才是真实的。虚体才有感知力。只有从实体变成虚体，有了感知力以后，才谈得上用“中”。

“中”既然是虚了、弥漫了，它就是一个整体。怎样用呢？

不动之动应物自然，应对方之动，应外在之动。这是第一步，觉照，心不参与。

需要注意的是，我们这一动，是因为外物让我们动的，不动为不知先。

我们不是妄动，也不是盲动。棍子一来我们把它抓住，这是棍子来了我们才抓。如果棍子不来，我们去抓就是妄动。“身动起相外”，我们这一动是外在让我们动的。敌人来，我们才打。

现在网络上看别人练拳很方便。但是大多数看到的，基本都是在动手，那是妄动，他们不是应外在的动而动。

应外在的动而动，这种状态是全身都处在一种灵机的状态中。做这个事情是自然而然的，“法在无念中”。

大家观察小动物，它们都知道躲避危险，可是有些人却不知道。冬天过马路的时候，帽子一戴，脸一遮，汽车按着喇叭，人硬是要过，“想当然”地认为反正你不敢撞过来。这些人是不觉知危险。

但也不是那种我想已大敌当前，心里又有了负担。这样也是错的。

一个人在恐惧的时候，被人震慑或摄住的时候，瞬间他身上就没有能量了，没有力量了。大家可能都有过这种经历，突然被惊吓一下，瞬间人会处于一种无能的状态。

正如《道德经》所说：道失了以后，拿德找；德失了以后，拿仁找；仁失了以后，拿义找；最后拿礼找。人们也是摸着石头过河，这个通道走不通，就去建立另外一个通道。这些被建立的通道，都不是生命的本然状态、生机状态、感知状态，这些通道都是人为的。

练拳也是一样，有多种不同的通道。有人为的通道，也有天然的通道。

很多人落在人为、有形的通道里，依靠自身的间架、力量、几何路线、速度、反应、技术等去与外界对抗。在这个维度里还有反击、格挡等，但任何一种技术，都有被另一种技术破解的可能。

宇宙这么大，世间万物这么多，如果依靠自身的力量与外界对抗，就人为地割裂了自身与外界的种种联系。

我们生活的世界不仅包括看得见的有形的世界，还包括看不见的无形的世界，主宰万事万物的恰恰是看不见的无形的东西。

我们说立禅、大成拳是无为法，“无为”是指我们运用的是天然通道。在这个天然通道里，没有恐惧，没有颠倒梦想，没有输赢胜负之类的设想，这个通道是很干净的，是生命本然的状态，具有万物皆备于我的生命智慧。生命本然的状态就是生机的状态，有觉知的状态，有感知的状态。在这种状态下，事情来了我们知道怎样应对。

要想进入天然的通道，让生命的智慧起用，除了心不参与外，身体也必须具备一定的基础和条件。

那就是虚体要出来，无我的状态要出来。形不破体，力不出尖，身动起相外，法在无念中。这样才能无穷假借无穷相，借天地万物之能量，万物皆备于我，来做这个事情，在与万事万物相合的过程中，同时成就自身的圆满，这个事情是自然而然的。

虚体怎么出来？立禅，变化身心气质。不动心，神气要活起来，拿神气做这个事情。

我们只有在虚体的状态才能与万事万物合上。如果你一直在这个状态，一直与万事万物是一体的，这个虚体就随时能用。不是你现在需要了，才来与万事万物合一下，让我用一下，帮一下忙，那时候，它可能帮，也可能不帮。

如果你平常都是与事物相合的状态，那就得具备合的这个体。需要留意的是自己是不是时刻都在持戒，都在立禅，直到虚体的状态成为你的常态。

当你把“中”拎起来，把身体松下来，但突然多了一个对抗、技击的意识的时候，就需要干净地把这个意识放下。你需要在乐的状态，回到原始的、零坐标的状态。这就是浑圆状态。你意一露形的瞬间就失了后了，瞬间就失了右了，瞬间就失了左了。

意不露形，上下左右前后，任其变化，均能应之。这就是对敌的最高状态，也是无敌状态。因为有敌的一瞬间，你是死的状态，是用完了以后的状态。日常生活也是这样，你时时刻刻都是在“预则立”的状态，这样多自在。

还有对身体的要求。就是生活当中，把中线拎起来，把身体放松，拿这种状态养禅，养和练成为一个状态。

你首先要确立是这种状态，然后再去维护这种状态，这就是果地修。

如果是因地，你会把这个目标放得很远。你在这里起步，要达到那个目标，这叫因地。

所以，你首先要是这个禅，然后你得养它、培育它，让它成熟。

古人有一句话，就是“气以直养而无害，劲以曲蓄而有余”。气要通达，要顺畅，但是不能上头，是通达而沉稳。气不能提起来，气要实，神要虚。

但是这并不影响后面一句：“劲以曲蓄而有余。”身上所有的关节都是在活性状态。如果不能在这个状态，就是已经不在零坐标的位置上了。我们需要保持一种起而未起、落而未落的状态。

形意拳有一句话：“起不起何须再起，落不落何用再落。”没有起，也没有落。你看他想落又想起，但他的气没有上浮。

大家想一下，一个人在没有觉知的状态下趴在这里或者是塌在这里，和另一个人把觉知状态变成生活常态的时候，这两个人有没有可比性？当然是没法比了。

现在虽然把立禅的理说透了，但是还需要练。站过桩的人要把心法变成立禅的心法。好处在于他能比较，如果有觉悟心就更好了。没站过桩的人，直接去立禅就是了，因为他还没站桩要领的影响。

第三篇

立禅与中国传统文化的关系

——兼谈太极拳、形意拳、八卦掌

一、立禅与文化的关联

人生来都没有文化，没有知识，这些文化知识都是后天学来的，而非与生俱来。

有些人在学知识，有些人也是在学知识，但此知识和彼知识可能不一样，不一样之处就在于学的方法不一样。大家可能看过电视剧《大秦帝国》，里面有一段商鞅和孟子的对话。孟子侃侃而谈，但商鞅说孟子的话都是没用的。我们现在不是在讨论商鞅及孔孟之道哪个更厉害。在当时的情况下，商鞅说孟子之说不切实际，治不了国。借这件事我想说的意思是知识、文化都是有人为取向的，有些方向可能合，有些方向可能不合适。一味地跟着惯性，有可能合道，也可能不合道。

立禅是觉悟的身心，这个身心没有惯性，它去掉了习气，去掉方向，它是感知，这种感知是出自生命本原的身体的体认。

练实为虚的过程就是一种文化，以身化心，以心化身。这是文化之母，也是为武化。通过这个过程才能谈文化，否则就是无本之木的知识。

过去有见地的知识分子也修炼身心。雍正年间，一帮人坐在故宫的午门前绝食。其中就有大臣也坐在那儿，气不散。别人就调侃他，说你这养气的功夫不错。

现在有些人重文轻武，你说你是练武的，他一听心里就把你看轻了。其实他不知道文只是生命之道的一半，当你的心中没有武，文很容易就偏离了生命之道和自然之道，而扭曲变态了。这样不行，不全面。相反，光有武而没有文，也是不全面的。古人说武之极则文，文事者须有武备，说明文武是一体的。王阳明之后就少有人体证，他有修养身心的功夫，所以他才能临危不乱。

文武

为什么说立禅是印证和实践国学的一个基础？因为

它是感知文化。

当你抱一本书在那里看，“道可道，非常道”，“后其身而身先，外其身而身存”等，你知道这些话是什么意思？知道的人其实不多。《道德经》你可能背诵过了，但也不一定明白里面究竟是什么意思。你的人生境界、经验和老子不一样，你拿你脑子里面的知识、社会阅历、人生经验去理解、判定老子，怎么能明白？

立禅，就是要把你的心回归到古人和老子那种无欲的状态、道法自然的状态。如果你与老子成为知己，他说的话你还会听不懂吗？只有你的心和他的心维度一致了，你才能明白。如果你的心和他的心距离那么远，你怎么能理解他的文字呢？

有人说立禅再好，不如学佛更好。其实立禅不只是学佛，立禅是生命的信仰，要点在觉悟身心。佛法的本质也是觉悟身心，而不是教条。换一种方式说，我们不是学佛，而是做佛。做佛，是把身上不是佛的东西去掉，这不就变成佛了吗？说到“佛”字，有些人崇拜，有些人盲目，也有些人反感。其实不必在意这个名相，你学的是觉悟身心，把身心觉悟了就行了。用觉悟的身心去练拳，去生活、工作，这还不清楚吗？一个人用觉悟了的身心去学拳，另一个人糊里糊涂地学拳，两个人相比较，你说谁会学得更好？

马一浮先生说："儒释道俱是闲名。"我们现在学的立禅是什么呢？就是没有落到哪个名相上。你学佛学对了，肯定跟这个是一样的；你修道修对了，跟这个东西是一样的；你学儒家学对了，跟这个东西是一样的；你学拳学对了，跟这个东西也是一样的。因为你学对了，觉悟了，然后在觉悟的基础上再往上走。

学什么东西都容易被神秘化，当大家不了解文化当中故作神秘、故弄玄虚的东西时，很容易陷进去，把自己的"中"给丢了。怎么才能让自己的"中"不丢呢？可以拿中神去印证这个东西。中神从哪里来？从浩然之气中来。这是中国过去文化人的修行，"养吾浩然之气"。所谓的浩然之气是什么？它是没有被破坏的生命的能量状态，没有正邪，就是浩然之气。什么东西能破浩然之气？生气、痛苦、高兴等七情六欲就能把它给破了。你一乐，这个气就泄；你生气，气就沉了；你一怒，气就浮着出去了……所以要气息平和地守着，心平气和才能养浩然之气。练功可以从这里入手，生活当中也可以从这里入手，从这里保持浩然之气不散乱。

气有大有小。可以小得看不见，但是它有；可以放得看不见，其大无外，其小无内。从这里入手，最后就进入中的状态。古人说：中，有诚中——笃实的中；有虚中——致虚极的中；有空中——空是没有自己，以对方的中为主，以虚空的中为主，进入无中生有的一部分。空，即是无碍，不落有无。中，不是简单地折中，而是贯通。这些是中国文化最根本的大道。

孔夫子讲："学而时习之。"学是指什么？可以说，模仿是一种学，觉悟也是一种学。如果从因地到果地的距离来说，模仿可以有不同程度、不同层次的模仿。如果达到果地，学的性质就不再是模仿，而是一种学成的

◎ **诚中**（谈锡永先生题）

状态，也就是觉悟的状态。所谓“学而时习之”是指时时刻刻要觉悟自己那种学成了的状态，稍不注意学成的状态就消退了，必须要保持它，这是真正的学习。这是用立禅去理解“学而时习之”。

我们说立禅是果地修，就是指立禅是在果地感知，在果地觉察自己，觉察万事万物。“学而时习之，不亦说乎？有朋自远方来，不亦乐乎？人不知而不愠，不亦君子乎？”这三句话每一句都在表达一种事态和感受。对于事态和感受这类东西，我们只有去体会才能真切，任何解释都是无法透彻的。很多人也做过很多解释，但那些都是远远不够。

怎么学习古代经典呢？你的心得与古人相合，你才能体会古人说的话是什么意思；如果你不是那个心，学是学不到的。也就是说，你得先站在果地才能觉悟这些东西，在因地想这些东西是想不出来的。立禅不是靠头脑思辨来解析经典，而是用身心一如的状态去领悟。

二、感知与拳学，以及生活中的以物用心

虽然是在说文化，其实说拳也是同理。形意拳抓劈拳，三年劈拳三年桩。这是为了什么目的呢？这叫格物，叫变换气质，脱胎换骨。通过劈拳、三体式方法，把人的气质改变了。人在改变之后和改变之前是不一样的。在改变之前研究这个东西，就等于在门外研究门里面的东西。古人说站在门外说门里的事情，叫门外汉。怎么能站到门里呢？就得立禅，变换气质，在果地做这个事情。

这样一来，你就能了解形意拳的郭云深、刘奇兰、宋世荣。现在很多人评价这些人，有人说郭云深不行，×××厉害，郭云深学了十几年，连十二形还没学完，最后跑到山西补学了后面这几形。一些杂志和书上都是这样写的，事实上这些纯粹是胡说。这好比吃饭一样，你用勺子吃，你吃饱了，他却说你不对，因为你没用筷

子。这样评价郭云深，其实说明他不懂。这些是形意拳的事情。

八卦掌，有人说八八六十四掌，老八掌、新八掌、小八掌，乱七八糟的；还有七十二腿、三十六拿。他有什么意图吗？那是八卦掌？那是拳混子谋生的工具，他教人要变着花地教。

王芗斋说只有单双二掌足够了，一个单换掌就够了。找到法门，就可以入进去，通过这个法门练通畅了，入进去了，形式练得再多也没有用。

太极拳，过去叫沾粘随，演化成离粘随，就是老三推、老三刀。后来又变了，它本来是十三势，想通过太极之理表现世界万物的十三种势能，前进、后退、左、右、中，由这五个东西演化成掤、履、挤、按、采、挒、肘、靠、进、退、顾、盼、定，一共十三种势能。

现在练太极的人一见面，就会问你是练多少式的。我在我家楼下公园练拳，见过一个中年妇女拿个扩音器，四十二式、四十八式练着，然后来了一个中年男人，说这个不对，音乐快了一点儿，不准确，他学的是八十八式。其他的人说三十七式、四十二式，也有人说八十一式或者一百〇八式才是最准确的。还有人会说我这个比你这个还多，有一百四十八式。他们把太极拳糟蹋成这样，这种思维下的拳还能练吗？

太极拳讲的是势能，讲的是阴阳相济后的神明势能怎么表现。它是什么呢？是无极而生，阴阳之母。势是这样表现的。这个势要包含掤、履、挤、按、采、挒、肘、靠、进、退、顾、盼、定，每一式都要包含这些。

怎么演练呢？就是一举一动的时候，周身都要轻灵，阴阳相济，其他的话都是诠释这句的。所有太极拳，所有的论拳，不管谁解释都是说这个意思，这才是太极拳论。

周身俱要轻灵，尤须贯穿。贯穿之后，后面解释无一处有凸凹、无一处有断续等，有很多要求。

那边是无极而生，阴阳之母，动则分，静则合，做的时候怎么才能合，用的时候需要师父传授，不传授永远学不会。

怎么动，怎么静，怎么合，都需要身体感知。若身体没有感知，这个就做不到，感知是需要过程的。

为什么需要过程呢？感知是拿身体的某一部位去感知。这个东西对你来说是新的，是在没有障碍的状态下来感知的。当教你方法的时候，如果你拿原来那个（没有变换气质之前的）来感知的话，你是感知不到的。

一举一动，周身都要轻灵，尤须贯穿。这就是体。动之则分，静之则合。这就是用。这个体用，什么时候合，什么时候分，怎么合，怎么分，都需要练。如果不练，身上没有这个东西，再说就把体认的功夫变成无根无据的嘴上知识了。

太极拳以静制动，我动的时候是拿静的体，神意领着它做这个事情，只要你接受它，慢慢地就能进入状态。用的时候也同是这样。

形意拳要在硬打硬进无遮拦的时候拿那个动，一气出来了，用意不动心。神气笼罩而动。硬打硬进无遮拦，步步为营，感知变化的时候，心还不能起念。

这个过程需要练。这个过程即使听懂都没有用，这需要练。练就是与人对练，让人刺激着你的心，让这颗心不动。经历得多了，就能把这个东西培养出来了。

八卦掌与形意拳、太极拳一样，只不过是另外一种思维方法。

琢磨琢磨，体会体会，不动心的那种体会。

不动心就是让事情的本来面目显现。你要做这个事情的时候，你的心要有感知的状态，能清晰地觉知事情的变化。但是，人们在生活中，当遇到冲击的时候，心瞬间就变了，要做的事情也就变了。

立禅就是让身心在觉悟的状态下起用。身心都有一种感知力，这种感知力跟思维力不一样。用思维力看一个东西，是拿自己的知识在分析判定这个东西。感知是什么？感知是身心的能量在觉醒状态、在起用状态，它不光是判断，不光是分析，而是直接印照。

为什么说它是所有法的大根基？比如说它这种没有

方向的状态，自己不预设任何方向，它是浑圆的良知良能的状态，你要感知万物、格物致知，要具备感知事物的能力。这个能力是什么？就是觉悟了的身心，果地上的立禅。只有这样的感知才是没有偏见的感知，不是有习气的感知。

在有习气的感知下，如果你跟谁觉得不舒服，他斜眼看你一下，你就生分别心、愤怒心。如果他跟你关系好，譬如你见了自己的孩子，他乐、逗你、闹你，你都很高兴，这是有选择的感知。没有选择的感知，就是外在事物在你心里的印照。这就是立禅说的以身正心、以心印物。

传统文化之用就是以物用心。怎么用呢？这就如一幅人像，大家都在看，怎么看？你身上有功夫、有体认，你往画上一看，以心印照，它是什么状态，你心里就是什么状态。这有画画的，有写字的，你看看作者画画写字的心态是什么样的，一下子心就印上了。谁能看出它好在哪儿、不好在哪儿，这不是技术，这是“用”。当你第一眼看到的时候，就能发现从这个角度看他的咽喉有点紧，作者画这里的时候没有把它画开。所有地方都应该是通透的，你身上有松紧，就印照了他的松紧。

再谈一下打拳的用。假如两个人站在那里，你的身体处在通透状态，这样做若干次以后，对面那个人的身体状态、心理状态你就能感知到。譬如你能感知到，他的胯根本没有松开，他的气还在后背，一目了然。在这样的情况下，你稍微有一点对抗的常识就能做到。

生活当中用的时候，你一见某个人，心里觉得不舒服，他准有事儿。身体很敏感，这是因为身体觉悟和心的觉悟而产生的一些感知。

当你心里有方向的时候，就是在有方向的通道里感知东西，是有偏见的感知，不是很准确。

特别是在对抗的时候，两个人处于交着状态，大部分人的“中”就跑了。这时候你敢收回来是挺难的，但是你要敢收。这个敢收是要锻炼的，要有实践才成，没有实践不行。

这里讲一个故事。有一个人叫铁罗汉，找郭云深老先生比拳。铁罗汉浑身不怕打，意思就是他练的那个功夫谁都打不了他。

郭老先生见到他说：“你好好练练这个功夫再来。”铁罗汉很生气，上来就打。郭云深一拳就把他打得跳出去很远。铁罗汉一回身，比画了一下说：“我回去再练，十年以后我再来找你。”十年以后他又来了。那时候郭老先生年事已高，当时他在炕上盘腿坐着。铁罗汉说：“你都老成这样子了。”郭老先生说：“你过来。”跟十年前一样，一拳又把铁罗汉打回去了。

这说明郭老先生用的肯定不是力量，但是他肯定是有能量的。铁罗汉用的是力量，他全身不怕打。这时候铁罗汉哭了，他说他还年轻，再练十年可以再来，可是郭老先生如果死了，他就捞不回来了。

郭云深说：“别着急，十年以后来自然有人跟你打。你看这小孩，你可以来找他。”这小孩就是王芗斋。这是真实的故事。

十年以后，铁罗汉去找王芗斋。王芗斋说：“你这几个十年了还想不明白？”铁罗汉说他不是来比的，是来问怎么练。结果，王芗斋教的第一个人就是铁罗汉，他比王芗斋大三十多岁，王芗斋当时还是个孩子。

可是铁罗汉没学明白。他不跟王老先生比，却教了个弟子，这个弟子块儿头很足，认为自己练成了，又想满足师父的愿望，要把王芗斋赢了，于是就约王芗斋比拳。

王芗斋只知道有一个人常年练功，就是为了跟他比，却不知道是什么原因。赴约以后，凭他的感知力，一看那人瞬间就想起铁罗汉。他知道，不需要问他是跟谁学的。而且王芗斋一眼就知道，这个人很厉害，确实有功夫，比他师父铁罗汉厉害。

铁罗汉的弟子弄了十二个羊头，每边六个。他说：“王居士，你六个，我六个，吃完咱再比。”王先生却坐在那儿，说是吃素的。那人说：“你吃素，那这十二个我全吃了。”

王先生小声嘟囔了两句。那人问：“你说什么呢？”王先生说：“吃了也是白吃。”

那个人听不懂，刚吃完就问可不可以开始。王先生说随你。那人说好。他刚拉开架式，手往起一拉，王先生啪的一掌，就让他把刚才吃的全吐了出来。王老先生从见他的那一瞬间，就已进入状态，气已经把他摄了。那人要等比试的时候才开始，就是没有感知力。

有人跟我讨论过练枪和练形意拳的张树德，他的大枪形意门享有盛名，还有耿继善也名动一时。他们的枪其实不是这种拿实枪。他们是虚体拿着枪，把枪弄虚了，把对方弄实，虚体始终粘到对方的身上。虽然没粘住，是离粘随，就接着，总是保持这种状态。对方一动枪，枪就透过去了，所以他常胜不败。其他人拿枪，跟对方是对抗状态，只要是对抗，他就有机会，他的枪尖从来就没有离开过对方。这就是感知。

三、再谈站桩与立禅

大家再复习一下：站桩是什么？

站桩是武术的基本功。有些人想通过站桩让身体感觉有能量后，再练别的基本功。这是所谓的按照规矩练功。就像有些老师，按照规矩教拳，手应该怎样摆，肘应该怎样放，腕应该成什么形，沉肩坠肘，含胸拔背，等等。这些规矩把人真正的天性已经全部控制了，这不是站桩。

站桩是什么呢？它是要让人的天性显露出来，让天性别逾越、别破体、别出尖。形不破体，力不出尖。不能偏离中道，要培养它，只有培养它才会有良知良能。在良知良能的状态下时时刻刻觉察自己，觉察身外身内，这就是立禅的状态。

站桩是功夫的初级状态，王老先生意识到了，他站桩已经接近立禅的状态，他又用回到了拳上。

我们现在重新确认，从他悟到的东西继续往前走，

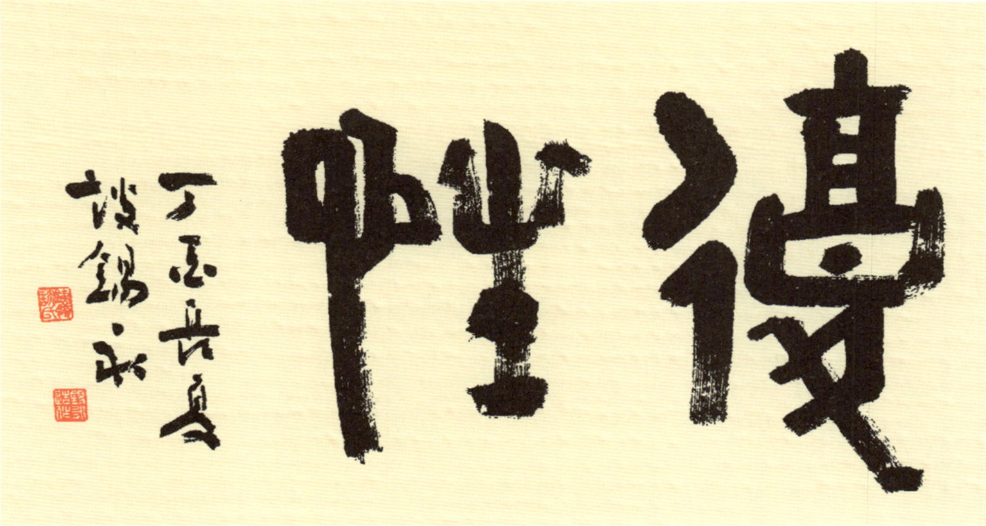

◎ **复性**（谈锡永先生题）

这就是立禅。立禅过程中身体要虚，要无我，要形不破体、力不出尖，要有感知力等等。要持环得枢，要守中用中，要虚体，刚开始要有个“中”，然后虚中，然后“中”没了，变一切都是“中”才行。要身动起相外，这时候心还得无念。

大家现在练立禅，不能光听道理。有些人以前站过桩，可能需要重新调整一下心法，要不然还是在一种茫然的状态，或者是所谓功夫的状态。最后要清楚一点，所有功夫不是身上练出了功夫，一定要把身上练通透了，通透才是功夫。

有一个故事，说一个人急了，就把汽车抬了起来，把人救出来了。那老太太是靠肌肉的力量抬起汽车的吗？肯定不是。

但是，人们往往依赖有形的身体，依赖肌肉的力量，依赖看得见、摸得着的有形，把无形的精神感知忘掉了。

我们前面说过，主宰万事万物的东西是无形的东西。大家都说要顺势而为；逆势不行，要借势。“势”是什么？

什么东西能让势形成？是很多无形的因素让势形成的，但是人们都不深究、不注重这个。

教这个人练拳需要这么教，教那个人却需要那么练。练拳是因人不同，练法也不同。为什么过去人常说："法不传六耳。"这是因为适合他人的法门，不见得适合你。

你坐在飞机上，看见别人在坐火车，你说这不行，我也得去坐火车，那你是该不该下来坐？目的是一样的，只是形式不一样，每个人都需要找到一个适合自己的法门。具体在平常生活当中的练就是头要直、喉要虚，这样头才灵，才有虚灵之气。

喉头一虚，别人一拳往面门打来，你就能躲过去。喉头不虚就躲不过去，喉头不虚就是死的。这个口诀是很秘密的，古人这样写，却没人解释，就写了文字放在那儿。喉头虚了，顶劲才能出来。

脚如踏空，脚像没踩实一样才能出来。"消息全凭后足蹬"的时候，后脚不是踩实的，如果后脚踩实就错了，这叫虚蹬。比如蹚泥步时，前腿是马蹚泥，后腿是鸡蹬雪。你看冬天下雪，鸡蹬的时候，雪那么虚，鸡的腿没蹬下去就过去了。鸡蹬雪不是蹬，是借那个势，借那个形，瞬间它就起来了，蹬腿是虚腿。

然后意识暗示肩和胯。无肩无胯，把它们想没了。

脱肩拎腰，肩膀脱下去，身体就变成一种很灵动的状态。

然后似笑非笑，眉心展开。眉心展开的时候就不对抗了，眉心紧的时候就有自我在。眉心展开的时候，心法跟身体就慢慢靠近了，慢慢成为一个东西。心法就是身法，身法就是心法，是一个东西。

举手投足之间次序要对，次序的根在哪里呢？在腰。拳论讲，腰为第一主宰，丹田为第一宾辅。

腰是全身的主宰，腰的动为主动，所有的动都是为腰服务的。

为什么有些人练太极拳的时候膝盖有问题，就是他不会动，动作的时候脚换不过来，腰对脚造成压力了，脚对腰要让一步，得腾开地方了让腰再过。这样身体的次序就会动了。生活当中，时时刻刻要关照一下腰。

有些拳论说松腰，有些拳论说活腰，其实是在说同一件事情。但是现在人们普遍用“放松”这个词，就是腰要松开，要活腰，腰是主宰，司令部要活。所有东西，做一个动作腰先动，腰先动才能过去，腰不动就失机了。腰不动就先转过去了，不能用。腰这个主宰要动，主宰动之前，别的要让路。形意拳也是同样的道理。

有功夫了，全身在灵机状态，用就用这个灵机。

练这个有什么用呢？练到这个时候，你的身已经在灵机状态，灵机状态就是真体，真体就是真用，真用里面身体是觉知状态、心是个觉知状态，用它印万物，这样颠倒梦想不就进不来了吗？立禅的状态就是明心见性的状态。

立禅进入身心觉悟的状态，在这个通道里面烦恼进不来，恐惧也进不来。这个通道很干净，用到拳法就是处处得机得势。其实得机得势还不究竟，需要达到处处圆融的状态。心明眼亮，身体有觉知，行站坐卧都是在同一个状态。

第四篇

教学琐絮

编者按：中国传统中上乘拳法要点在于觉悟身心，变化身心气质，发挥个人天赋良能，绝非学习固定的招法、动作。于先生秉承先师风范，因材施教。许多弟子已养成习惯：跟随师父学习随时录音，之后整理成文字悉心揣摩。下面的篇章皆是弟子们整理的教学记录，看似零碎、散漫，但所谈问题针对个人实际，切中要害、直指人心，这是任何统编教材无法企及的，读者若能细心体会，定能获益良多。

立禅与经典

弟子：我还是想听您解释《金刚经》里的话，还有《大学》、还有《道德经》里的话。

师父：如果非要解释，那就是站桩立禅的时候，身上有了相应的状态，就把那句话拿出来，你就明白了。现在解释都是文辞，不是感知。这要好好立禅修炼才能明白。无为就是觉知状态。鱼和渔网，渔网就是无为，鱼再厉害都可能被渔网捕住；这个地，你踏到上面，不管你多快、多用力，它都在这儿等着你。意不由己出，这是无为。不妄为，不盲为，与“中”相合地为，叫无为。不是躺在那里什么都不干，不作为，而是意不由己出，无为而为。

我为什么说“无为”这两个字呢？《金刚经》里有一句话，“一切贤圣皆以无为法而有差别”，那就是不妄为的法。我们前面讲过“身动起象外，法现无念中”，“身动起象外”就是无为法，我这一动就是呼应对方、呼应身外的动。

现在一些练太极拳的人往往问，为什么要动这一下？比如说该这样动。为什么该这样动？拳就是这样动。气接着动，就是神接着动，神接意打，就是这样动，不是自己要动，是外在的东西逼着你的身体在动，自己的意和外面这个相合，是先有彼后有己，彼未动我先动，实际上对方外形根本就没有动，但是对方动念了、动意了，他动我在他先，我动我也在他先，这就很清楚了。在对拳的时候，你的气息跟他要神气相接，就是身体接着，精神笼罩。

要明白这个道理，得练，得实践。实践，认识，再实践，再认识，最后实践和认识达至同一个层次，知行唯一，意不由己出。

读过经典的人更容易明白“意不由己出”，我现在只是诠释经典而已，不过比较通俗罢了。我刚才说“身心觉知的状态”，就是觉悟的状态。刚才还说“无为无不为”，无为了才能进入无不为的状态，就是老子的状态。只是换另外一种方式让大家明白这个，不要在名相上执着。孔子的最高境界是“从心所欲而不逾矩”，这是他七十岁的境界。我们现在开始就这样去做，不是从文字到文字，而是要把心放在光明处做这个事情。

应无所住而生其心，不住于相，不住形式。我们讲没有形式，不住于模式，眼睛不要住在那儿，意不要住在那儿，那个生机状态始终是不断的，不论形式怎么变，那个东西始终不变。“吾道一以贯之”，贯的那个“一”

从来就没有变过，翻来覆去地讲就是那个东西，觉知状态始终在，生命生机的状态始终在。

有一次我在飞机上看一本杂志。杂志上有一个人写了一篇文章，他说你看我现在做这个事情，我心情也很愉快，做那个事情，我心情也愉快，他明白了心情愉快是我们一生追求的东西。他那个就是不住不断，就是神气不断，形式不住。

静接物，动取中——要知实处便是虚

弟子：师父，可否讲一下打拳？

师父：打拳这个东西，静接物，就是与人交手的时候，要用练出来的虚静之体，用对方的进攻攻击。如果讲气的虚实的话，对方是实的状态，你要拿虚气接，虚气接才不对抗。普通人看到的是动作，两个人对拳的时候，应该看他们的气象，不是看他们的动作。两人交手，有肢体的对抗，有气息的对抗，有神意的相接，看对方实气出来的时候，你拿虚气接，用他实的东西给自己补满，把自己蓄发开合，把自己的东西蓄满或者开大，然后再还回去的时候，就还到对方身上。还有，动的时候就打对方的虚，这要多实践。

但是对方的虚在哪里呢？这是最关键的。动中取。取什么地方呢？对方的实瞬间就是虚了，不是找对方实背后那个虚，这个实瞬间就变得虚了，因为他瞬间就用完了，就是“见虚不击击实处，方知实处便是虚”。就是借实打实，实就是虚，但是不能迎实的这个势头。知道这些就行了，在生活当中有用。比如让对方落不住，就是虚接。有些事情，这事情本来是没有的，你想制止，它就有。它本来没有就没有，自生自灭。你要制止它的时候，它借着你的制止就起来了。有些棘手的事情，你一放开它就消失了；你一托它，就把它给托起来了；你一对抗，它就弹起来了。所以要虚接，让它落不住，东西落不住就没事了，落住了就会有新的变化出来。

厚重出虚灵

弟子：师父，想向您请教跟我们更贴近的事情。灵机是什么状态？在生活中怎么用这种灵机？

师父：“灵”这个字过去有一段时间不大用，现在也有用的，咱们一直用。灵是无相的，两个人对战的时候，虚、妙有的状态是灵的状态。平常说这人挺活，这不是灵。灵的活是有“机”。

“机”的用就像镜子，但这面镜子是无形无相的，一照就有。立禅用于拳法的显现是遇弱不强、遇强则强。

要使灵机和感知成为生活的常态、体用一如的状态、知行一如的状态，就是你的“中”的弥漫状态，其大无外、其小无内的状态，能笼罩、能无我的状态。这样，对方是没有机的，你就是机的状态了。只有灵了以后，才能出现这个状态。这灵是怎么来的呢？灵是笃实深厚到一定程度出现的东西。厚重出虚灵，不是轻薄的假机灵，这种机灵人不行。熊坐到水里面，一伸手，鱼就能抓到手里，那叫灵。灵怎么来的？就是这种厚重生出来的。只有这样的灵才有机。

“灵机一动鸟难飞”，就是立禅要有灵机。立禅的时候踝关节要松。踝关节一松，脚和地就融为一体了。然后心口窝松一下、后腰松一下，心和肾能呼应上，心口窝一松、后腰一松，虚领顶劲，似笑非笑。这个时候还有一个心法就是“似尿非尿”。“似尿非尿”的状态是小腹能融身外的东西。眉心是“和”身外的东西，小腹是“融”身外的东西。只有在这样的状态下，长期用功，你一动转，就能体会到，山都跟着你一起在转。实际上，一动，你感觉把周围的东西都能带起来，因为融的状态与和的状态是一种觉知的状态，就是不对抗的状态、融合的状态。似笑非笑，似尿非尿，不对抗。

头接着虚空，脚平铺地上，神竖起来，气沉下去，气和劲是一个方向，神和意是一个方向。用意的时候力量是往下的，气自然往下沉。接触上以后，就像渔网的绳子一样，鱼过来，不对抗，只是意的控制。很少有人敢这样做，常人在用的时候，或多或少都夹杂一些东西，这样不干净。夹杂东西就可能使别人通过你夹杂的四两把你的千斤拿下，这就是通过四两拨千斤。如果你没有夹杂一丝一毫的东西，他就拨不着你的千斤，所以要空满。

我的神气过对方身后，对方就在我的控制范围了。在我控制的范围，就跟猫和耗子的关系一样，对方反应会迟钝，但对方还不知道他已经在被动的状态中。

“凡此皆是意”，要长期实践。这个东西跟别的东西还不一样，光听懂了不行，还需要实践，要有专门的时间和专门的人。

空胸而出

弟子：您说眉心和心松着和外物，小腹是融外物。

师父：这个要练，要体认。空胸而出，要有人伸手喂着练。

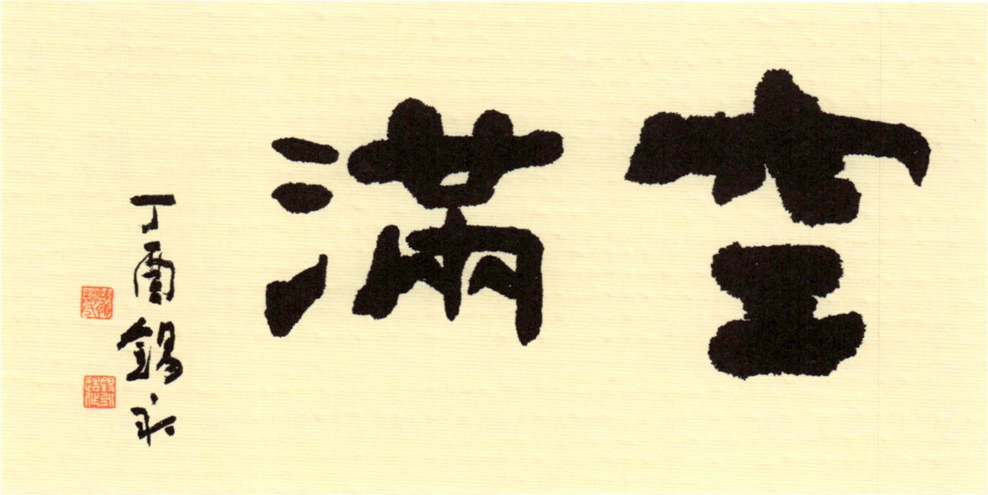

◎ 空满（谈锡永先生题）

我的胸要虚着把对方纳进来，且不能顶，人们几乎都在顶，不敢把他放进来。也不能含胸，这样就弱了。

要没有，要敢这样。所以得练，胸空而出。心里要松。为什么要空胸呢？空胸了才不障碍我的手。不障碍手，手才能用啊！

如果胸不空，顶着出，那么手的第一反应是配合着胸做事的，这样就有障碍，就不能用了。

保持“不住”是功夫。知道这个原理了就要练、就要培养。

不能含胸，也不能挺胸

我告诉大家松腰的要领是心口放松。练过桩功的人、练过武的人不能含胸，也不能挺胸，直起来放下来就行了。在“中”的状态，一含胸中气就弱了，前面这块气就没了。中气没有了，人的意志力会越来越弱，做事的时候遇到困难就退缩。挺胸也不行，挺胸的人是另外一种状态。站着试试，体会一下就知道。

要体认讲到的要领

弟子：师父，呼吸要注意什么？

师父：要忘了呼吸。没谈呼吸，就不讲呼吸。把呼吸忘掉，要体认讲到的要领，不要想那些你“知道”的而我们不讲的。

不能老想着要领

弟子：师父，“似尿非尿”是种什么感觉？

师父：“似尿非尿”就是让小腹和髋关节松开。

不能瞎理解，因为人有几个本能的状态，是最准确的状态。要人为、强加，那就错了。

在任何情况下，呼吸是第一本能。喝醉了躺在地上什么都不知道，但还在呼吸。这不用学，它是用，所以不用学。随着身心感知力的培养，我们可以重新升华呼吸，这是另外的修炼。

第二个本能是紧张。

人遇到突发事件都会紧张，紧张会影响你对事物的判断，所以没事就放松下来，放松就是神意要清晰。

从小到大，小孩子害怕的时候都会紧张，大人也一样。紧张是收的状态，所以要培养开放的状态。人在放的状态，面相就变了，变得松了、扩了。否则总是紧张的、皱皱巴巴的状态，很辛苦啊！

我们看古人的画像，关云长、岳飞，都是气韵饱满、松和含物、气息弥漫的状态。堂堂正正，用松出来的神气来自然应物。

学习立禅，我们把自己理解的东西先放下。放就是前进，放就舒展了，并不是放了以后没有了。

现在人们接受传统文化的教育少。现在的社会是贪的社会，不放，光增加。放，就是要把自己融进去。

要会学。我们讲过“学而时习之”。学是什么？学就是感知，就是觉察，时时刻刻觉察、感知、觉悟的状态。

看腿有弹性没有，看腰松了没有，看心口窝放松了没有、乐了没有，看身上柔了没有。

如果你总是处在硬的状态，如果你是习武者，硬了就是靶子，就打不了人了，那么就是给对方一个信号：来吧，你打我吧。

多余动作不是预兆，心里一动就是预兆，心不能参与。心一参与就破体了。形破体，力出尖；意破体，神出尖。

弟子：意出去之后，即使眼睛没有看着对方，我也能感知到对方，对吗？

师父：有些人知道，有些人不知道。你是练形意拳的，孙禄堂所著《拳意述真》里面讲，李洛能、董海川、杨露禅、武禹襄四个人可以做到不知可以先觉，未见而觉。说郭云深是见闻知觉，再快的东西来了，他都能避开。

弟子：师父，大成立禅的要领在练的过程中，是不是要经常去想？但我们又有一个心法是“不住不断”。想多了好像就住了，不想好像又不行。

师父：这个问题不错。有些人练的时候很认真，把所有知道的要领都拿出来用，就怕落下什么。立禅站桩，就跟写意画一样。练形求意，意思到了就可以了，就是偶尔检查一下身体的松紧弹性等要领还是不是。有一个诀：“念起即息，念息觉起；觉起觉灭，觉觉圆明。”

要领这个念头一起，观照一下，感觉一出来，这个念头就不要了。这就是方法。

不能总是想着要领，老想着就不是了。

用功夫改变习惯

弟子：桩功的时间是不是越长越好？

师父：有时间的话从早站到晚上都可以。用它改变你的习惯。你本来就是这个状态了，就不用那样站了。立禅是变化气质，是觉悟身心的功夫，是没有穷尽的。

放松，再虚。虚得不是抬步子走路，而是腿飘出去走路。古人说手一划啦就倒一片。你看王老先生一张照片，人空得跟透明的一样。这样才不对抗了。

你抬一下手怎么可能把人扬起来啊，肯定不行，但他抬一下手别人就能起来，这就说明不是对抗。他摸你一下，你自己要起来。他任何时候摸，你都是要起来的那种状态。

慢慢来，这要摸，不停地摸。通过摸，把你原来的习惯摸掉，建立一个新的习惯。

重要的是要有信心

弟子：我练习后，感觉身上的皮变厚了，这对吗？

师父：我的一些弟子问我，出现一些状况对不对。我都说没问题，继续站。其实他们问我的一些问题，有些我也没有经历过。

但我为什么还要这样说呢？因为每个人的经历不一样，我不能这样告诉他，重要的是要有信心。因为这事情不重要，跟对错没有关系。每个人的一些体悟、感觉，是你达到目标的路上的一些感受，有些人就跟着感受跑了。有些感受影响不了你，都不是你要去的地方。

守中用中，打神夺神

弟子：师父，我体认到弹性就是神意，是这样吗？

师父：对的。有了神意，心还要为神意服务。你能做到，是对的。

太极拳拳论讲“以心行气”，是行什么气呢？行外在的自然之气，卷着身体过去，身体气化了，跟外在的气是一个气。这个气是不退缩的，只有变化，没有退缩。

这气过去的时候，用的是它，还不是它。把身体虚化了打不进去，跟空的一样就入对方，这样才合上外力了。

一个是肢体在轻敲桌面，一个是有个东西压着我的指头在打桌面，这两种声音是不一样的。

这就是大成传习录说的无中有、色即空。理都说完了，但不上身就没有用。

须得无中有，还知色即空。那你得借得上外在的东西，须先把这无（外在之气）观成有，你才能把这有（自己的身体）观成无。

只有这样了，你才能有、无衔接无碍，有、无得“中”，中道就出来了，还是用那个“中”，有、无的“中”。不光是有里面的中。换句话说，就是有的“中”和无的“中”是一个了。

拳练到这时，真正的内家拳就是外家拳。什么叫外呢？用天地之气。

内家拳讲“身动起相外”，不看你的形，看你的神意，守中用中，打神夺神。

你的神气一出来就给你灭掉，你肢体没有在浑圆的状态。就不看你进攻的动作，就看你的神气。

无为拳法

弟子：师父，有时候跟别人交流，自己没有进攻的想法感觉就比较顺手，一有进攻的想法就麻烦了，为什么？

师父：你一有想法就破体了。我们练的是应物而为，是无为拳法。

你可以不过来，我要过去也不是有意要过去。

你刚才要是想我怎么样过就错了。你要有我不想怎么样过。你不打我，我就不能打你了吗？还是要打，只是无意而打。

我走到你范围内，你不就有想法了吗，然后我再借你的想法而用。

弟子：想法是随时随地都会有的。

师父：我走到离你比较远的距离（你的范围外），你没有想法，但到更近一点的距离（你的范围内），你就有想法了。你有想法了，首先我不能破体。我在你的范围外和在你的范围内都是一样的，都不破体。我拿不破体去用你的想法。我已经知道你的想法了，这样就合上了。

这样打人多轻松啊！否则就是对抗了。

弟子：他如果没想法呢？

师父：那你现在试做一个没想法，我让你有想法。

弟子：你的拳头都到我脸前了，我就是没想法。爱打不打，我就这么着了。

师父：那就试一下，看是你的脸硬还是我的拳头硬。

没有主动和被动。不能把拳练死了，不能固化了。

无穷假借无穷相。你没有想法，我可以让你有想法。

弟子：是不是要合？

师父：你要想合就是对抗了。还有个你，就是两个东西了。如果没有自己的合，就是一个东西，就能合了。

弟子：就像师父说的，我假想一个敌人过来，刚好他过来跟我的假想合上了。

师父：对啊，你一个人还要假想一个敌人，打起来多累啊，现在就不用想了。

不是打对方，是对方需要你这样，不要想着打对方。

这个理一下就听懂了，但要用得恰到好处就需要练习。不是说理听懂就会的，还需要练，还要体认。

练的时候先跟师父练，师父喂着练。然后再跟师兄弟、朋友练。然后再跟外人练，找个弱的练，看谁弱就跟谁练。然后慢慢地再找跟自己差不多水平的去练。最后要找比自己强的人来练。这需要一个过程。

能悟到很多东西是好事，但要多实践，有目的地实践，这就是练心。技术很容易，变心性和有觉悟的能力就比较难。

对战的时候是打对方，不是对打，大家一定要把这个概念搞清楚。

如果是对打，你就会有输赢，你就有可能打不过对方。你跟对方的机会是对等的，你还要找战机。怎样才能做到打对方？

就是你得有意，不能用这个有形的肢体，有形的东西就变成两个东西，就是对抗了。怎么才能做到呢？

心不能参与，不能有情绪，所谓打急了那都是胡闹的，还是不懂。一般人没功夫，显得他厉害，但那不是，还是不懂。

不动情绪，按照法理、法则进行，别的东西都不会影响我打你。

心不参与，所以要练，这是功夫。

恢复桩要领解析

我们再复习一下站桩的要领：

似尿非尿。跟外界要相融。拿什么融呢？拿小腹跟外境相融。

似笑非笑。上面一虚，想跟外面相接，拿小腹跟外面就接上了。

小腹是身体第二个最重要的部位，第一个最重要的部位是腰。

拳论说：“腰是第一主宰。”丹田为第一宾辅，辅助着腰。腰不能用，腰是君，丹田是臣。腰坐镇，不能用，用丹田跟外面相合。相合以后，行于心。相合以后表现在心，心是静的，一目了然。丹田相合了，心里就明白了。

知道了这些要领，大家会受益无穷，慢慢就懂了。这些秘要拳论里都有。

用神气相合的时候容易产生对抗，用丹田相合则只是相合，没有别的。

丹田能融万物，古人说它是熔炉。烦恼来了，当成能量滋养自身；高兴来了，放在这儿；痛苦来了，放在这儿；什么东西放在这儿都没有了。那有什么呢？有觉体。要让这个觉体越来越壮大。用神觉与外境合。

一些人学这个、学那个修行都是嘴上、理上的功夫，而这个让你身体直接体用，就是这样。

一些修行人在讲明心见性，道理都懂，为什么做不到呢？因为他的生理结构没有变化，所以不可能做到。

立禅让你的生理和心理直接进入另外一种状态，这就是果地。长期处于这种状态的时候，你就能养护着它，它听话你就慢慢培养它。它在成长的时候你再激发它，

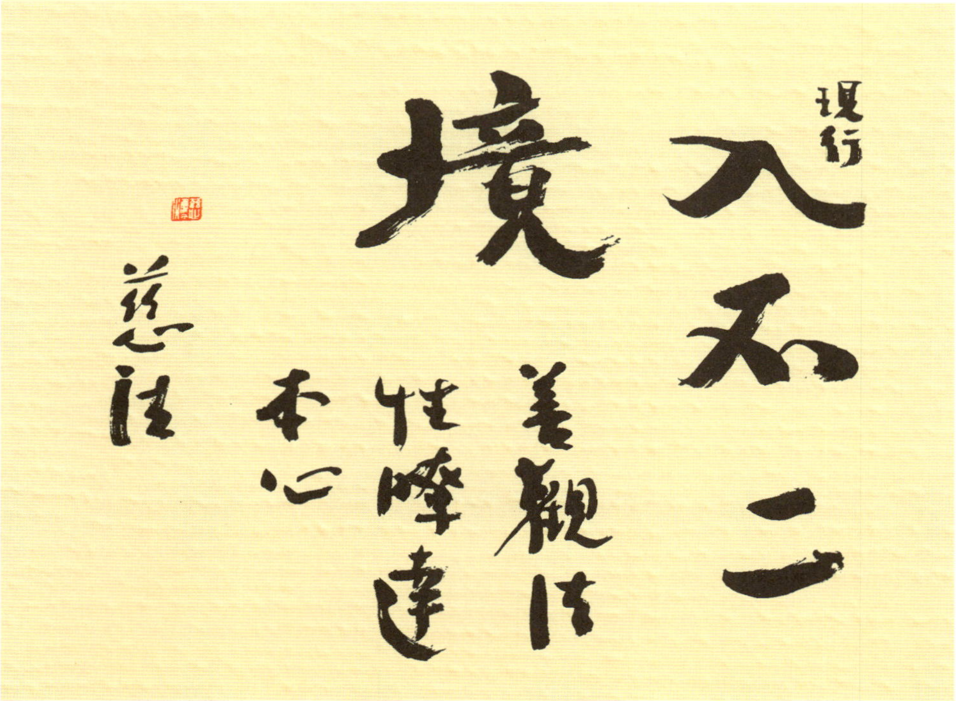

◎ 入不二境（慈法法师题）

让它成为一个整体，那你的身体不就变成一个觉悟的身体了吗？

身心不二的时候，你的心不就变成觉悟的心了吗？

再回顾一下，站桩的时候，膝盖是弯的，是弹性状态，但是不能动。不动有上提之意，头顶有上提之意。

这都是意，但这个意不影响膝盖的弯曲度。有上提之意的时候，身体的重量就压不到腿上了。如果你的身体一懈，没有上提之意，躯干的重量就都压到膝盖上了。

人们的认识是在习惯当中认识的，在自己的知识范围之内认识。站桩的时候很容易站成桩子。现在感觉一下自己的身体，看自己的身体是什么样的状态，是活的状态，还是僵硬的状态？如果感觉自己是僵硬的状态，膝关节稍微屈一点，让它有点弹性，让它还能伸直，是“曲中求直”之意。练过形意拳的人都知道要“起如挑担”。挑过担子的人都知道，肩膀和担子要接实了，然后腿的弹性和腰的活性要挑起来。一个最重要的要领，膝关节要有弹性，腰要活而有力，下颌稍微收一点，头发好像有根绳子吊着。这三个要领是立禅形体的要领。

站过桩的人都知道，站桩有很多要领，能把人站得很结实、很有劲，附带作用就是容易使脑子很顽固，惯性很大。

立禅就是清虚之气都起来了，古人叫“内清虚，外脱化”。腰、膝有活性了，头虚灵顶劲的时候，身上有形的肉自然就是肌肉若一的状态。什么叫若一呢？肌和肉一个方向，都是松沉的。《黄帝内经》里讲：“肌肉若一，提挈天地，把握阴阳。”“肌肉若一”，就是这个。我们说腿有弹性，一些人膝盖还是直的，还没有屈，这就不容易体会弹性。在自己的惯性里，他听得很清楚，但身体就是做不到。实际上是没有听进去。古人说这叫“玉树挂宝衣”，就是有形的肉身挂在骨头架子上。这是刚开始拿这个入门。膝盖得有弹性，腰得活。

腰怎么活？心口松一下，腰就能活。

头怎么拎呢？胯有坐的意思就拎起来了。胯坐的时候，头别跟着下来，相反相对的就拎起来了。

眉心放松，似笑非笑，意和外面就融为一体了。

再关照一下膝盖有没有活起来、有没有弹性。我们就是练这种状态下身心的感知。

如果用在练拳，就是感知机与势。这种灵敏觉察的状态才能体察身外的变化和自己身内的感觉，长期坚持就能形成无我的状态，因为能够感觉到外围，无我的状态就出来了。这个体和用就是一个。这种相不是站桩的相，是里面那个机，那是真正的相。刚才说的是形，有形非觉体，无相乃真形，无相就是看不见，里面的机看不见，只有自己知道。这样一来，体、相、用就变成一个东西了。用就是练，练就是用，因为你是拿机做这个事情。这个机的状态就是无我的状态。机越有功夫的时候，别的东西都进不来，人就处在觉知的状态，不知而觉的状态，就是良知良能的状态。

生活就是修习

曾经有人问我，拉琴的时候心里有时会紧张或者烦躁，那就是立禅状态出了以后，生活当中应了一些东西。你现在有这个东西，生活就是练习，碰到事情，拿这个事情滋养你立禅，借烦恼证菩提，而不是借这个东西增加你的烦恼。

我师父曾经跟我说，现在习武的人都说他厉害，一说切磋、一说比武都躲开了。我们小时候练拳，王老先生说切磋比武，我们一听这话就跟过年一样，高兴得睡不着觉。我就想拿这个事情印证自己的所学，脑子特别干净才会有这种想法。现在的人，你说切磋一下，他说完了，他这么大名气输了怎么办。已经变成这样了。立禅的状态是在觉知的状态，这个觉知状态在生活当中能保持才有意义。生活当中就是你要做事情，本来还没有这个状态，拿起来就很舒服，这样做这个事情。

过去我们学拳的时候，不像我现在这样教，有什么全说出来，让大家很快就会。我们学拳的年代，大家都难。我平时常有这种灵机状态。有一天早上起来，我就坐在那儿，累了，我把那个东西忘了，后来突然想起来了，我起来以后怎么就不是呢？我一下就明白了这个道理，以后我每天起来后第一件事情是要保持灵机状态。有时候你会忘记，慢慢忘记的时间越来越长。现在时时刻刻变成生活了，没想这个事情，它就是这个事情。我教大家两个方法，一是早晨起来第一件事情就是保持灵机状态，实际上就是这个事情。现在有个声音你能听见，门外有个声音你一样能听见，但是听见不入心，听而不闻，就是这种状态，就是觉知的状态。

也有人问，这个状态练到最后有什么用？咱们一直把什么东西都讲完了，有些人还问同样的问题、类似的问题。那就说明立禅的道理很难听进去，很难听到心里。

很难听到心里的原因，不是这个东西不容易听进去，而是大家生活的状态让很多东西都入不了心。自己有一个轨道，根本没有把你这个东西放到自己的轨道里，只在自己的轨道里问这些东西。既然早上起来灵机，没有烦恼，没有这些是非，没有辨别，没有这些东西了，是生命的另一种状态。生活当中遇到事情，这个事情是滋养这个状态，而不是对抗这种状态的时候，这个生活跟原来的生活已经不一样了。你说还要有什么用呢？

练拳的时候，原来要用功夫，要用技术，要用所谓的力量等等，现在你身体所发生的变化，你看对手的时候就知道他全身都是毛病，心也不在位置上，你都不忍心打他了，你说还有什么用呢？最朴实的用都有了。也有人跟我说，师父这么辛苦，大家给师父行个礼。形式当然也很重要，若从有形到无形，一以贯之才是正途。心里有了这个东西之后，你的一举一动、一言一行，我都能看得到。心里没有，行完礼过后原来怎么样还是怎么样，这就是伪人。

应无所住而生其心

站桩的时候，膝盖有弹性，腰竖起来，头拎起来，似笑非笑，恢复到生命的觉知状态，这个时候人最容易犯的一个错误，就是享受此时的状态。《金刚经》里面有一句话："应无所住而生其心。"当你心住到享受的时候就没有感知力了，外边什么都不知道，内外隔断了，内外就不能打成一片了。你心在虚空之间，然后让心气不断地虚化，你突然发现腰、膝、顶、颈等等，都是引导你入门的。它还不是，它还是个手段。真正的玉树挂宝衣的那个"树"是什么？"树"就是虚、虚空，不是骨架，骨架会变成衣服，一层一层递进。

不思善恶，恰当就好

我们讲过善恶论。古人说："无善无恶，不思善不思恶。"那么思什么呢？这个事情要对。什么叫对？恰当就好，就是没有对与不对，只有当与不当。当，就对；不当，就不对。那么当与不当怎么分别呢？这不是别人定的规则，是你生命状态能感知出来的当，就是生理作用于心理，心理反过来促进生理，是互相的。

桩站对，中气对，这就是文化。中气弱，心就变；中气强，心也变。前面讲过，人高兴的时候，气是散的；悲哀的时候，气是泄的，气提不出来了；发怒的时候，气是乱的。浩然之气，这个中气始终处在一种不破体、不出尖的状态，只有这个东西才能感应事物。两个人对抗的时候，你拍案而起，拍案而起就输了。善战者不怒，一发脾气就完了，这时候是没有状态的。

其他的站桩都是使人走到人为的一端，立禅就是把人领回来，领到一种先天本然的觉知状态。这种状态让生活方便。这需要长期修炼，有点儿时间就练。光想没有用，这是长期工程。你活了几十年，有几十年的习惯，一天两天要你把这些习惯变过来，可能有点儿困难，但是也不一定。古人说有些人心就是这样的，他的生活改变了，他不愿意改变。他说他不知道是什么，但你跟他一讲，他说原来是这样的，明白了，他的心本来就离这个很近，比较容易。

祥和的时候就没有方向，神气一出来就破体。神外溢，不专注的地方就没有了。内外通透时哪儿都有了，没有的时候才能哪儿都有。你可以专，但是不能住。五官不能紧，也不能太松，要松而不懈、紧而不僵。有些人站桩时间长了，看起来好像身上没有弹性了，其实不是没有弹性，是弹性融在一起了。站的时间长了，站四五个小时的时候，这个紧是对的，这个紧不是僵，你可以松，但不能懈。

松是什么？紧是什么？松是有形的东西，紧是无形的，精神上是紧的，身体松下来，膝盖是有弹性的状态，只有弹性状态的时候，身体的任何部分受力才不会压死。腰一紧，一个地方一受力，这底下就全僵硬了，就不能动了，不能动就没有感知状态。任何时候、任何地方受力的时候都不能死，在生活当中觉知状态就在，在对战当中对方就没有机会。看高水平的人比赛，仔细分析所有画面，被打倒的、被控制的都是身体没有弹性、把动作做死的人。

身体的奇妙关联

做快乐的事情不会愁眉苦脸。眼睛睁开，胯坐下来，坐胯不能把头坐下来，头要有上提之意，虚灵顶劲、降而不落的时候头没有落下来，腰就全开了，重心在全脚掌，不在前，不在后，是全部。

站的时候，手掌伸直，手掌伸直肩就松。人的身体很奇妙，眉心松了，心就松了；手掌伸直，肩就松了；心口窝一松，腰就会松。坐胯的时候虚灵顶劲不能丢，膝盖的弹性不能丢，这就是人的头、身体、胯以下这三个地方连成一个整体，要不然就成独立的三块了。坐胯的时候膝盖要有弹性，腰一松，腿成整体，这三个就形成一个整体，腿稍微有点儿压力，两条腿开得不能太大，开大了气就往下走；两只脚也不能并在一起，并在一起气易往上走。身体不知道的时候可以觉察，觉察到了就变成知道的东西。

起如挑担，站在这里，外面受的力压着的时候很有弹性，腿有弹性，最后全身都是弹性状态，全身都是气化的状态。

浑圆之体不能丢

站的时候不能拘谨，不能太认真。站的时候，要感知身心的浑圆之体。所有的变化，都是浑圆之体的变化。练习对战的时候，只要有溢出，只要有破体，只要用身上的技术，这都不是立禅之法，都是技、伎俩。真正的技术是整体变化，变化当中，中气不能丢，浑圆之体不能丢。

站桩的时候有些人含胸，这就进入另外一种技术的轨道，不是立禅之法。胸是气不弱的状态，而不是挺的状态。老《拳论》、《内功经》、《形意拳论》都讲背要平，没有一个说背要圆。

现在很多人练的空胸紧背，全是凭自己的理解增加的。背要平，过去有功夫的人，包括现在的运动员，哪个是圆着背？那样肯定是练错了。过去古人画像上是圆的，关云长、岳飞的背都是圆的，就是这种状态。这种状态就像中国人的衣服，胸要开，松开，胸要有灵气，胸有灵气就不对抗了。眉心放松，胸有灵气，延至丹田，肚子融贯龙虎，这是不对抗的状态，这是融的状态，是相对如婴儿，举手不能逃。

毛主席说："欲与天公试比高。"一旦自己所有的关节没有顶和丢的状态的时候，身体就是虚大，到最后就不是对抗了，两个人站在这儿就是打对方，你控制了对方，而不是你跟对方对抗。就像你看每个人都是小孩，就是这种状态。

老《拳论》讲肩沉气按，肩膀是沉的。有一天看电视，有位上了年纪的舞蹈家，别人问她："你腰板怎么这么好？"她说："我告诉大家一个秘密，我站在这儿，除了头顶是起来的，我身上从肩膀开始都是沉的。"

有人说站在这儿一提，我的脚就有根了。我蹲着想有根没有根，提和沉是统一的，一提就有根了。它是一个整体，浑圆整体。膝盖有上提之意，头拎起的时候身体虚空，重量没有压在腿上，两个膝盖有上提之意，这时候再松腰。膝盖实际是一个通道，一点力都没有承受，它是活的状态。所以，站桩立禅，膝盖是通道，膝盖根本没有承受力量。肩膀也要打开，肩膀打开把胸放松。还有腰，很多人练所谓内家拳，练的时候命门要突起，练少林拳要塌腰。这两个若有意为之都错了，无意为之都对。

这不是标准。什么是标准？腰能用是标准。无论这样还是那样，腰统领全身就没问题。腰、腿、颈、肩、手指伸直，不要硬推，是自然的。有些人练拳时说："我夹得东西。"这就有负担了，应该让它空一下，念头一起让它空一下就行了。

身体的节奏很奇妙，你把手伸直了，肩膀就松了；眉心松了，心就会松。这需要大家慢慢体会。

形式唯一，内涵不同

真正的立禅，形式只有一个，但是里面大有不同。为什么不同呢？上小学的时候你是这模样，上中学的时候是这模样，上了高中也是这模样，到你成了博士还是这样，形还是那个形，但是你已经不是以前的那个你了。

立禅多年之后，你再看初学的人就能看得很清楚，实际上就是打开了另外一个通道，在这个通道里的人才能了解。你学别的学问也一样，这个领域的学问你都了解，比你差的、比你好的，你都能感觉到，是同一个道理。

掖胯

古人说这个胯像掖进去一样。过去练八卦、形意拳站桩的时候，用一个小棍，放下胯的时候能夹住、掖住。

这儿能掖住东西，这就是掖胯。这个挺难的。普通的人就不需要这样了，这是形上的掖胯。意上掖胯做一下，灵机无限，一下就出来了。

简单地说，掖胯不要把头掖斜了，懂装腔作势的人容易学会，这是意象的感知。必须要会装腔作势才能练成，不能认真，不能死板，这样就会了。这容易让人变化。过去老拳师要是让你变了，你就跟他一样了。所以他就保守，这是其中之一的原因。

掖胯的时候重心需要自己调一下，不能靠前，中稍微偏后。靠前就死了，靠前膝盖就跪下了，提起来的时候，膝藏神，肩藏气。

口微张

站桩的时候口微张，闭着就拉紧了。平时感受不多，站的时候觉知状态很敏感，能感觉到，一闭嘴颈就紧了，张开一点儿就松，嘴张的同时瞪眼。

◎ 气入中和（谈锡永先生题）

站桩不平衡怎么办

站桩的时候很多人不平衡，或者半边身子斜了，这其实是正常的。一种办法是不管它。你要想管它也可以，想管它就是腿一屈，中不变，这样扶过来。这是有问题自己调整的一个方法。

站桩就是把身体重新格式化

只要站就一定有收获。古人说站一分就有一分的收获，但得站对。眉心放松，要乐，不能闭眼（闭眼是另外的功夫）。要想生存就不能闭眼，得睁开眼睛，但是不能用眼睛，要视而不见。也不要用耳朵，要听而不闻。

掖胯，全身就灵通了，果地觉，因地心，头、颈、肩、腰、背、胸，腹、胯、膝、踝关节、脚指头都要觉知，之后还要慢慢减少，减到腰和顶，最后剩下这两个。《太极拳论》里面不离腰顶，最后就归到这个了。喜欢研究的话可以看看太极拳的经论。

突然站着有功夫了，腰和顶就没有了，没有就对了。没有了就像练枪一样，没有枪了，只有一个无形的东西和对方身体合了，没有的东西，外面的东西都罩上了，但有的时候不行。眼睛要睁开，要不一会儿就容易昏沉了。

提和沉是两个东西，慢慢地提沉归中。领着、沉着，提、沉，提、沉，两个越来越近，到最后归到中。提了还是沉，是沉了又是提，既是提又是沉，提和沉慢慢地成为一个东西。当成为一个东西的时候，这时才容易出现一个东西，叫“机”。

然后把“中”再深入，让你能感知到的“中”变成感知不到的“中”，就会出现另外一个东西，叫“势”。

势是虚化以后才能出来。有形的身体只是显出来的势。有形的势和无形的势是不一样的。虚化以后的势是对方摸不着的势，有形的势是对方能对抗的。

站桩就是把身体格式化一下。人跑得太远了，要让他回归一下。跟电脑一样，用久了要恢复一下。

在这个过程中，人比较弱，比较敏感。过去不得意、不得劲的地方就会显现出来。

有的人站的时候感觉脖子难受，那是因为使你僵硬的、不通畅的颈椎现在正在通畅；你站的时候会腰疼，我的腰也是疼了几年才站好。

过去我的肩膀也和大家一样，是平的。现在变成没有肩膀了。

人有知识，又聪明，每个人折腾的方向不一样，但大都不是它应该的方向。应该的方向从本然到浑圆。人的生命状态是个整体，是没有方向的浑圆的状态。但人们所受的教育，让这个浑圆的状态上突然多出来个方向，这就破体了。

形破体，力出尖，意露形，神外溢，就不是浑圆的状态。

现在慢慢地把它往回收。怎么收呢？心存敬畏就可以了。这是礼的本质，鞠躬只是外在的形式。现在一些人行礼，头一点，转身就走了。他是做这个过程，是应付啊。

所以要收回来，到浑圆状态。

不住于形式

弟子： 现在生活中有很多私欲在眼前，由不得不想。是不是这个桩架保持不变？

师父： 你现在要进步就要换个东西，手放下来。手放下来得有浑圆这种状态。手端起来有，手放下来还要有。

现在还放不下个东西，还在那儿追功夫、有劲。放下来保持这个状态，这个能做到吗？

弟子： 能做到。

师父： 生活中碰到的事情也一样，遇到事情就拿事情养这个状态，听懂了吗？

弟子： 去年十一月中旬，您让我把手端起来站，我感觉与现在的立禅不一样。

师父：遇到事情、处理事情的时候，越处理越是这种状态，不是越处理越把浑圆之气处理没了。需要用那个事情来养浑圆之气。这个听懂了吗？

我讲过，不住不断，你现在却住在端起来站，不回来了。你感觉这样站有功夫，老想贪着功夫，贪婪，贪功夫。形破体，力出尖，已经失中了，只想着要厉害。

你慢慢地把手放下来，慢慢地把气息放出去，比你想的那个就厉害多了。

但是你的认知是你所认知的，没有认知到现在这个立禅。所以你要做立禅这个事情。

然后，在工作的时候，要不住于各种形式，不要老想着厉害，住在想厉害上。

工作是形式，工作就是浑圆之气，手端起来还是这个，你把所有的东西都看成是练功夫，你就不会住于形式了。

立禅的功夫是身心觉悟

弟子： 立禅从始至终就这一个姿势吗？

师父： 从始至终是不断，从始至终是不住。

你现在要找一个东西，找一个立禅的意境，禅的状态。这个是最方便的。

你手端起来站，就把你引到武的方面了。手放下来就容易进入立禅的意境，然后手端起来了，还保持着这个禅境的状态。

说你没有把我教的都听进去，虽然有收获，但还是拿着自己的东西在权衡着、分析着来听，没有把自己的东西放下来，把我说的话听进去。你代表了很多人。

为什么我们要把立禅搞清楚？我们不是在练功夫。过去的桩是练功夫，拿着有功夫打比你差的功夫，是对抗。

立禅是把身上练得没功夫，练的是通道，练一种感知力，练一种打对方让对方没有机会跟你对打的功夫。

不是练对打的功夫，是练打人的功夫，如果用到武术上就是这样。

要练的是时时刻刻得机得势，把自己放到机势上，不是对抗的功夫。

把自己的实体练虚，练成虚体。虚体才不对抗，对方还摸不着。这个时候的五行拳才是五行拳，天地自然五行之力。这个时候才能谈到“五行合一处，放胆即成功”。

合到哪里了？又没有了，没有了又随时都有。

如果是有形的，就是肢体、肌肉，加上意念。

念有力，但很多时候是没有力的。念在得机得势的时候有力。念在我顺人背的时候，对方的念力就荡然无存。念在恐惧的时候也没有力，念在杂乱无序的时候也没有力。所以立禅是意拳的根本，也是意拳的究竟。

要分析它，要知道自己在做什么。

你现在光想练功夫，这浑圆之体就跑到一个功夫的方向上了。

要壮大浑圆之气，让浑圆之气带着你。

用的时候是用浑圆之气，不是用的你那所谓的功夫。你那功夫已经破体了，已经做不到不住了，已经住到功夫里了。住到功夫就是破体，你有想法就是破体。

你没有想法，是无我的状态，以感知罩在对方身上，相对如婴儿，就没有自己，就是这种状态，不是跟对方对抗的两个人互相都有机会的状态。

所以心得练开。心练开了，对方再厉害跟你也没关系，你敢往他跟前走去控制他。

你如果处于相对状态，就不敢到他的进攻范围之内，你就会有恐惧。

立禅的功夫是变心、变身，身心觉悟。身心觉悟是什么功夫？学佛的人到最后不就是要达到身心觉悟吗？

我经常说，你想厉害还不容易吗？我教最朴实的功夫，是砖头的功夫。有些功夫很高妙，比较难练；有些功夫很朴实、很粗浅，但很管用。

厉害的方法很多，但人的主体是要生活，在生活当中要涵盖这些东西，不是不想功夫，不是咱们的拳不厉害。比所谓的厉害更厉害的，是美好生活。

因为你不算计厉害，所以它就不可测。因为你没有对抗，就不知道你有多厉害。当你对抗的时候你就没有能力了，我会控制你、打击你。

你还在追那个功夫，你把它放下来，把身上散开，让气息出来。

在《大成传习录》中我写过，我在公园遛牧羊犬，一阵风过来，它突然卧下，尿了一地。原来前面有只病老虎，就是那种气过来了，狗卧在地上就不动了，拉都拉不动它。

你需要涵养这个气啊！

如果你是羊，你不能练这个顶，“咚咚”地撞头，不能练这个。

你该练什么？立禅不是变换气质嘛，你把自己从羊变成狼，不就行了吗？这才是要学练的技术，不要学顶的技术，要学怎么变成狼的技术。你要是狼，就学怎么变成豹子、狮子的技术。

这是技术，这个技术是要把身上的东西退掉后才能出来的。

你现在不停地在羊的基础上学技术，原来是小羔羊，只不过变成了老公羊，但还是羊。

要敢，要敢放，灵机才能出来。

如果你总是这样端着手臂站，追功夫，就像当初你见到我的时候，我说："你身上怎么这么硬呢？"你说："我感觉挺松的。"那是你的感觉。

到最后感觉已经没有了，是虚气相迎了，是气息的感知。

是立禅，也是练拳，更是美好生活

弟子： 每天要站多久才好？

师父： 问得好。每天站多长时间，是明白还是不明白的标准。你变换气质有时间就变，变过为止。

你说我一天变五分钟，就去做别的事情了。一天变两个小时，就干别的事情去了。

不住啊，不住于形式。你站着是变，你走路步步不空也是在变。脚碰到东西，身体不是前倾就是后退一步，那样不行，你的“中”不能变啊！一碰东西，你的气息是无碍的，过去了。

你要真会走路了，别人使个绊子，他就跟着你的腿走了。因为你不空啊！

胯不是要坐吗？头不是要领吗？膝盖和脚之间要有弹性，你走路拿这个不丢不顶这种弹性走路。不能坐着走路，身体已经压在腿上了，腿就有负担了。

你空着腿走，腿一空跟外面才有感应，这叫不空，空中不空。等于你迈腿的每一下都是探出去的，用身体把脚带出去。

手也一样。打人的时候不是单纯地用手臂打，这样打伤不了人。怎么打才能伤人呢？心贴心，用自己的心贴上去打他，打人要有气场，这就把人打坏了。

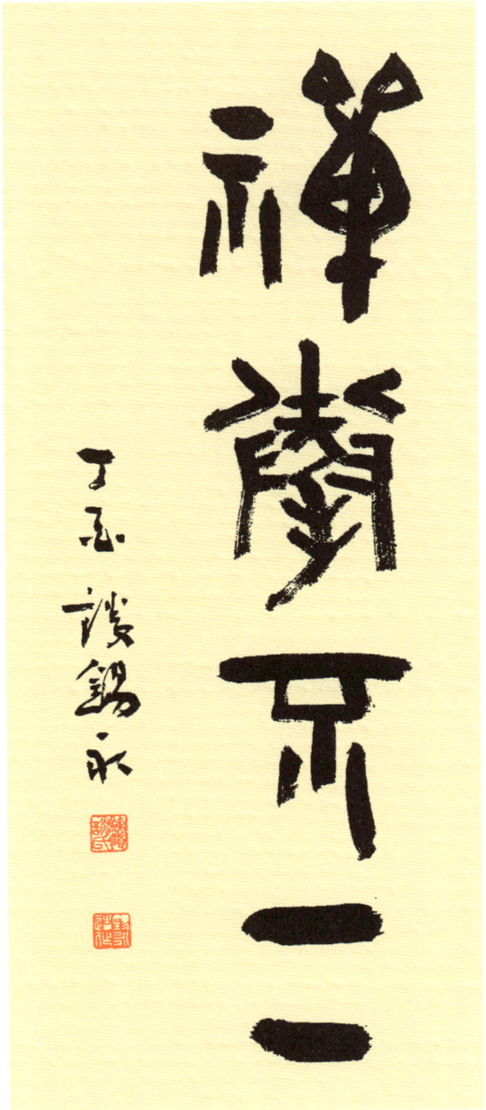

◎ 禅拳不二（谈锡永先生题）

叫什么拳不重要，是说这个意思才重要。

手伸出去有破体的嫌疑。你会打了，即使手臂伸展开了也没有破体，因为“中”没丢。

你不会打，手伸在胸前打都是破体了。为什么破体了？因为胸没有感知了。如果“中”在，就不破体。

把“中”打壮了，不是越打把自己打弱了，是越打“中”越壮。

你现在身体这么抱着手臂的结构就不行，有形就不行。是无形的越打越大。

这是练的心法，下面我讲练的方法、步骤。

练形求意。你第一步没有，我不能说第二步。你上一年级的时候，不好好读书，你老问：“老师，三年级讲什么？”你用形体把意体练出来，那我就给你讲二年级的东西。

以意象形。练形意拳的都知道，这是最传统的方法，但现在人们都不按照这个练。其实我们现在真是孔老夫子说的“述而不作”。你意没有出来，还是在拿形说事。

意出来之后，拿意做这个事情。我刚才做了一个动作，你说是栽拳，还是在形上说。真正的栽拳，是把顶高起来，手臂是根据需要随意地动，就是栽拳。栽拳不是形上栽，是意上栽。你只有有了这个意，意带着那个形做，才叫无相。因为它没有固定的动作，是意领着形，这个形可以让意领了，意才能象形。

形随意转。古人说的话，现在没人照着做；放在书上，没人看。这个形不是你现在的形，你现在的这个形根本不听话，它根本不随着你的意转。这个阶段的形是已经升华了的形；一举一动全是意。只不过得有这个身体啊！没有这个身体怎么办？形为意服务。就像拿着长枪，是无形状态的枪，一拧就扎进去，一翻就把对方带过来，不是有形。

意自形生。这是新意，新的形生出的意。随动都是意，这个形随便动都是意在动。你先把理听懂。

立禅就是形与意的方法，慢慢就会了。

练法和心法，和这些体系一结合，就会发现，这既是立禅，又是练拳，更是美好生活。

把自己放下了，才能进入这个美好里面去。

一边听着，一边要拿身体印证这个东西

弟子： 师父，立禅还有什么形式？

师父： 立禅不拘泥于形式。手臂放在身体两侧、手臂抬起来都可以，斜步也可以。行住坐卧都可以，所谓拳拳服膺。

你们现在听不懂很正常，因为我也是听了很多年才听懂。虽然我听的条件不如大家现在这么好，但是我也一直在追求。过去的学习过程费劲艰辛，现在我不想让大家也像我一样费劲，我想很快地告诉大家，但是看样子还是不行。

很多人都认为自己听懂了，其实根本没有听进去。没关系，因为时间太短。实际上根本就没有听，这些话就没有入你的身。如果入了你的身，你就按照要领走了。

听着挺舒服的，但还是按照自己的方法做，还在你那个身心态下做。

过去我教了几个人，原先跟别人切磋老赢不了，跟我学了不到一个星期，就能赢了。后来我给一个朋友说，他们跟我学了一个星期，比过去厉害了。我那位朋友抱着双臂看着我没有表情。过了几年以后，他跟我说：你那一年说的话是真的啊。现在有体会了才能相信，进来了就相信了。

我们现在先种个种子，有人可能半年后就明白了，有人可能明年明白了，有人可能十年后才能明白。

这里跟我学过的人已传有这方面的经验了。《道德经》里面的“恍兮惚兮”，就是混沌状态，就是阴阳未判的一种状态，就是孕育着生机的一种状态。

但这种状态持续时间不长，就让父母、家庭、社会、学校等等瞬间给摧毁了。这个人定这种规矩，那个人定那种规矩，就把你按照他们的方式格式化了。

在没有被严重格式化之前，要是能立禅的话，就能由那种本然到达这种浑圆一体的整体状态，身心不散的状态，智慧不昧的一种状态。

一边听着，一边要拿身体印证这个东西。不仅仅是知识，不仅仅是脑子。当你的身体和心处在一个明了、明照的光明状态的时候，你就把外面的人看得很清楚，你很清晰啊！

编后记

第一次听到“武化”这个词，是从于鸿坤先生这里。于先生说，现在大家都很重视“文化”，却忽略了“武化”，一文一武，即一阴一阳，文武兼修，阴阳相济，不可偏废，否则会失中。

后上网查，发现有一位挺著名的作家也提到“武化”，不过他对这两个字有完全不同的理解。他认为：“当文化形成到一定程度，开始变形而对创造力造成束缚的时候，实际上就变成了武化。”因此，他主张“我们要文化，不要武化”。可见，在这位作家的语境里，武化相当于一种暴力和压制，非但不能化育人，而且会伤人。我想，大概这位作家没见过真正的武人，若他见过于鸿坤先生，或许会收回他的话。

至武为文。习武到了相当程度，不仅身体通透，而且意合宇宙，自在空满。于先生在本书中介绍了大成拳的精髓：“大成拳是建立在空性基础上的一种拳法，练大成拳，必须先学会这个空性基础。如果我们一直停留在惯性的基础上，以惯性以及自己的知见练拳，并不能进入空性基础，所以就很难进入王芗斋先生所说的大成拳法中。”于先生跟随王芗斋先生传人王选杰老师学习，深得大成拳心法，先后出版过《大成传习录》《立禅即意》，这本《立禅法要》相当于“大成三部曲”的第三部。

《庄子·天下篇》曰：“圣有所生，王有所成，皆原于一。”“后世之学者，不幸不见天地之纯，古人之大体。道术将为天下裂。”在本书中，王芗斋先生也有过类似的感慨：“我在的时候，大成拳只有一个；我不在的时候，大成拳就有无数个了。”于鸿坤先生近年来致力于弘扬立禅法门，不是为了标新立异，而恰恰是为了帮助大家超越内在的一切对立，回归中道。

当今世界，乱象纷呈，险象环生，极端主义思想泛滥，我们呼唤有更多像于先生这样公而不党、易而无私的义士，挺身而出，拨乱反正，帮助人类社会止于一。

中霖　合十

2018 年 9 月 19 日

图书在版编目（CIP）数据

立禅法要 / 于鸿坤著. —北京 : 华夏出版社，2019.1
ISBN 978-7-5080-9638-4

Ⅰ. ①立… Ⅱ. ①于… Ⅲ. ①拳术—基本知识—中国
Ⅳ. ①G852.1

中国版本图书馆CIP数据核字(2018)第284871号

华夏出版社出版发行
（北京东直门外香河园北里4号　邮编：100028）
新华书店经销
北京华创印务有限公司
*
787×1092　1/16开本　10.25印张　70千字
2019年1月北京第1版　2019年1月北京第1次印刷
ISBN 978-7-5080-9638-4
定价48.00元